科教创新研究文库

主　编：顾建民
副主编：吴　伟

中央高校基本科研业务费专项资金资助
浙江大学文科出版资助计划资助

从区域到全球
国际职业技术教育的创新发展

From Regional to Global

The Innovative Development of International
Technological and Vocational Education

翟俊卿　著

上海交通大学出版社
SHANGHAI JIAO TONG UNIVERSITY PRESS

内容提要

本书以全球视野探讨了德国、芬兰、格鲁吉亚、非盟、加勒比共同体、澳大利亚和印度等国家和地区的职业教育体系,分析其多样性、创新性和可持续性,为全球职业教育改革提供参考。在全球化、技术革命及疫情的背景下,全球就业形势因地缘政治紧张和供应链问题日益复杂,经济面临滞胀风险,职业教育需具备高度适应性和快速响应能力。各国通过多种改革,如德国的"双元制"应对疫情、芬兰的拨款机制改革、格鲁吉亚的国际化优化、非盟的《大陆战略》、加勒比的标准化建设、澳大利亚的数字技能培训、印度的中等教育职业化,展示了应对全球化和社会变革的创新实践。本书揭示了各地区根据独特背景制定的差异化政策,为全球职业教育提供了丰富经验,并探讨了对中国职业教育改革的借鉴意义。

图书在版编目(CIP)数据

从区域到全球:国际职业技术教育的创新发展/翟俊卿著. —上海:上海交通大学出版社,2024.6
ISBN 978 - 7 - 313 - 30753 - 8

Ⅰ.①从… Ⅱ.①翟… Ⅲ.①职业教育-研究-世界
Ⅳ.①G719.1

中国国家版本馆 CIP 数据核字(2024)第 099519 号

从区域到全球:国际职业技术教育的创新发展
CONG QUYU DAO QUANQIU:GUOJI ZHIYE JISHU JIAOYU DE CHUANGXIN FAZHAN

著　　者:翟俊卿
出版发行:上海交通大学出版社　　　　　　　地　　址:上海市番禺路 951 号
邮政编码:200030　　　　　　　　　　　　　电　　话:021 - 64071208
印　　制:上海新艺印刷有限公司　　　　　　经　　销:全国新华书店
开　　本:710mm×1000mm　1/16　　　　　印　　张:10
字　　数:161 千字
版　　次:2024 年 6 月第 1 版　　　　　　　印　　次:2024 年 6 月第 1 次印刷
书　　号:ISBN 978 - 7 - 313 - 30753 - 8
定　　价:78.00 元

总　序

这是一个充满变数、急剧变革的时代。人类正经历百年未有之大变局，新一轮科技革命和产业变革正在重塑经济社会发展格局和人类生活面貌。大学当然不会置身事外。正如工业革命需求催生一大批新兴大学，进而倒逼古典大学在办学理念、学科设置、学术范式、培养模式上产生巨大革新一样，当前的大学也正面临着前所未有的挑战，经历着更加深刻、更为全面的变革。

从挑战的角度来看，如今对于大学在社会发展全局中的地位的认识似乎开始模糊起来。一方面，我们常说，随着经济社会的不断发展，大学已经远离象牙塔而走向社会的中心，日益成为社会的轴心机构；另一方面，对于大学还能否扮演社会发展中知识发源地、创新发动机的角色，已有不少怀疑的目光。究其原因，从根本上说，是人类面临挑战的日趋复杂化对大学发展提出了更为迫切和更为高端的需求。

就科技创新而言，很多发现、发明并非首先出现在大学，甚至与大学没有直接关系。大学在有组织研究和重大成果产出上，不断面临来自领军型企业、一流科研机构的挑战。

就人才培养而言，虽说是大学最核心、最传统的功能，一时半会尚难被其他社会机构所完全替代。但不容忽视的事实是，许多新兴科教机构已经抛开了传统的物理校园和教育组织体系，在招生与培养方式、课程体系、教学模式等方面进行了颠覆性变革。

再从大学内部的变革实践来看，传统的院系-学科结构正遭遇巨大挑战，跨学科、交叉学科机构和平台大量涌现，科学研究的范式和组织体系正在发生快速变化。以上种种，都说明大学如不顺势而为，勇于变革，真有被其他组织"挤出"

的危险。

"双一流"建设是当前国内影响高等教育系统运行最为强大的政策话语，可以说是吹响了中国高等教育迈向世界一流的冲锋号。核心政策诉求在于，以师资队伍和学科建设为基本抓手，通过一系列改革举措，强化质量和贡献导向，着力实现大学内涵式发展。

实践层面的挑战和变化也深刻影响着高等教育研究。在我看来，深入实践、回应需求、聚焦问题、讲求实证，应该成为高等教育研究必须做出的范式转变。高等教育正在发生着翻天覆地的变化，我们的研究不能只停留在过去，止步于经典，应当更多地关注现实，面向未来，做出更多能够创新理论、影响实践、引领发展的成果。

我们策划科教管理与创新战略研究文库，重要目的之一就是关注和回应迅速发展的实践变革，尝试回答其中的一些学术问题。我们把"科教管理"与"创新战略"合在一起作为丛书名称，体现着实践层面的发展趋势，当然另一方面也是为了有较好的覆盖面。文库聚焦全球视野下的中国科教管理与创新战略，主题涵盖人才培养、"双一流"建设、科技政策、院校管理等，将持续推出新品种，形成相关领域优秀学者成果展示的学术品牌和开放平台。

加入文库的作者，都是国内各大学的中青年骨干教师，长期从事与大学发展相关的学术研究，其中部分人兼有行政职务，具有学术研究与管理实践相结合的天然优势。难能可贵的是，他们当中的许多人有着较为密切的研究合作，并发表过高水平的研究成果。这对于提高著作质量无疑将会有很大帮助。丛书设计策划得到浙江大学中国科教战略研究院吴伟博士和上海交通大学出版社易文娟编辑的大力支持，在此表示衷心感谢。最后，我要感谢各位作者，是他们的不懈努力和严肃认真，使得丛书达到了一个较高的水平。

浙江大学教育学院院长、教授

顾建民

前　言

　　本书以全球视野,对不同国家和地区的职业教育体系进行深入剖析,旨在探讨职业教育的多样性、创新性和可持续性,从而为读者提供宝贵的学术参考和实践启示。在全球化和教育国际化的大背景下,各地区如何应对职业教育的挑战,推动其变革,以及培养与市场需求紧密对接的高质量劳动力,成为全球关注的焦点。本书通过详细探讨德国、芬兰、格鲁吉亚、非盟、加勒比共同体、澳大利亚、印度等国家和地区组织的实践和创新,揭示了不同文化、经济发展阶段和教育体制背景下,各国或地区对职业教育改革所作出的积极探索。

　　在全球化和技术革命的背景下,职业技术教育面临着多重挑战与机遇。全球就业形势因地缘政治紧张、新冠疫情和供应链问题日益复杂,导致经济面临滞胀风险,这些因素共同对职业教育系统提出了高度的适应性和快速响应技术进步的要求。因此,职业技术教育在实现联合国可持续发展目标(SDGs)中扮演了至关重要的角色,特别是在优质教育、体面工作和经济增长、推动工业、创新和基础设施发展方面。本书的第一章深入探讨了这些挑战及其应对策略,并展望了职业教育的多元发展前景。通过详细分析全球经济不确定性、高通胀以及就业市场挑战如何影响职业教育,本章讨论了职业技术教育在推动可持续发展目标实现中的关键作用。此外,本章还探讨了全球范围内提升职业教育质量的努力,涵盖了政策改革、校企合作及终身学习的推广等方面;探讨了数字化转型如何为职业教育带来新的发展机会,以及环保意识和国际合作如何塑造职业教育的未来趋势。

　　本书的第二章深入探讨了后疫情时代德国"双元制"职业教育与培训的各个层面。德国职业教育以其独特的双元制模式,巧妙地结合理论学习与实践培训,旨在为学生提供顺畅无阻的职业道路。该体系通过培养高度专业的技能人才以提高就业率、促进个人终身学习和发展，实现教育的公平性和多样性，极大地满足了社会和经济的多元需求。然而，尽管具有诸多优势，德国双元制职业教育也正面临着一系列严峻挑战。新冠疫情的暴发导致培训市场萎缩，合同数量大幅减少，从而令个人对职业教育的前景感到担忧。中小微企业的参与热情也有所降低，而学校职业教育与双元制之间的竞争也日趋激烈。产业革命的推进更是加剧了对高学历人才的需求，给双元制带来了新的压力。此外，为了适应时代的发展，职业教育的法律保障、投资、宣传、吸引力及数字化水平亦急需进行全面改革和提升。为缓解新冠疫情带来的负面影响，德国政府已采取了一系列积极措施，以支持"双元制"职业教育的持续健康发展。这其中包括扩大职业学校的指导服务、启动宣传活动以提高教育吸引力、调动中小企业的参与积极性、改革学校职业教育课程，以及大力提升数字化教学水平。这些实质性的措施为德国职业教育体系的复苏奠定了坚实基础，并为其他国家和地区探索职业教育发展路径提供了宝贵的经验和借鉴。

　　本书第三章关注德国继续教育的政策和改革措施。德国职业继续教育体系主要采用双元制模式，然而，在新冠疫情、自动化生产、数字化经济以及人口老龄化等多重因素的共同影响下，该体系正面临着诸如培训合同数量下降、技能供需失衡以及高技能人才短缺等一系列挑战。为应对这些困境，德国政府于 2019 年推出了具有里程碑意义的《国家继续教育战略》。该战略的核心目标在于，通过深化改革现有的职业继续教育体系，构建一个能够适应未来工作环境变革，使所有公民能够不断发展潜能与更新技能的全新教育体系。该战略的制定旨在解决德国职业继续教育在治理结构与系统连贯性上的明显缺陷。由于原有体系涉及联邦和州政府、企业、工商会等多方利益相关者，缺乏全国性的法律框架和协调机制，导致治理结构复杂，政策实施效果不甚理想。此外，系统内部各环节，例如指导服务、技能验证和资格认证等之间缺乏有效衔接，难以满足个人在不同生涯阶段的技能发展需求。这些问题不仅抑制了德国职业继续教育的发展潜力，还导致了一部分低技能成年人的参与度较低，从而影响其社会融入和创新竞争力。因此，为实现战略目标，德国政府提出并实施了一系列具体而深刻的改革举措。这其中包括制定《继续教育法》以构建全国性法律框架，明确各方的权责，并建立有效的协调机制。为了更全面地满足需求方的需要，德国政府还创建了全国性的职业继续教育指导网络,并完善了就业公共服务体系,为公民提供专业的信息和咨询服务。此外,政府还建立了全国性的技能验证体系,以确保培训质量,并推进教育与评价的有机衔接。加强对职业继续教育机构的监督和管理以及创新培训内容,也成为改革的重要一环,这有助于职业继续教育体系更好地适应未来工作环境的需求。通过这些深度改革举措,德国政府致力于完善职业继续教育的治理结构,提高系统的连贯性和适应性,促进更多公民的积极参与,最终提升个人和社会的整体福祉。

第四章集中探讨芬兰职业教育经费拨款体系的改革。芬兰正面临着失业率上升、职业教育辍学率较高以及技能与市场需求不一致等多方面问题,这些问题促使芬兰政府决定对职业教育拨款体系进行全面改革,旨在提高职业教育的质量与效率。此次改革的核心内容是建立统一的拨款机制,该机制包括应付拨款和战略性拨款两大部分。应付拨款又细分为核心拨款和绩效拨款,这两者分别根据学生人数、单位成本、学业完成情况和教育有效性来进行资金的分配。而战略性拨款则是根据国家的重要战略规划和行动,对特定领域进行专项资助。为了保证改革的顺利实施以及资金使用的合规性,芬兰政府引入了国家学习和资格集成数据库(KOSKI)来实时收集和计算教育相关的综合数据,这些数据成为拨款的重要依据之一。同时,芬兰还进行了学生满意度和教育有效性的反馈调查,通过问卷的形式收集学生对职业教育的实际感受和评价,以此来不断优化和调整拨款体系。这一系列的改革措施带来了显著的成效。据统计,自从拨款体系改革实施以来,职业教育的参与度明显提高,2018 年有超过 50% 的中学毕业生选择了职业教育路径。同时,职业教育的质量和效率也得到了提升,超过70% 的职业教育学生能够在规定时间内顺利完成学业,而且,整体上职业教育的成本相较于以往降低了约 10%。除此之外,职业教育的灵活性和适应性也得到了增强。现在的学生可以更加灵活地根据自己的兴趣和能力选择不同的学习路径,而教育提供方也更加注重与劳动力市场需求的对接,确保教育内容的实用性和时效性。这一切改革都是为了使芬兰的职业教育体系更加完善,更能满足社会发展和个人成长的需求。这一章节将深入剖析芬兰职业教育拨款体系改革的详细内容、实施过程以及由此带来的深远影响。

第五章深入探讨格鲁吉亚在后萨卡什维利时代经历的职业教育改革。格鲁吉亚国家层面的这场改革显示了其政府将职业教育视为推动经济发展、减缓失业率并提升国民生活质量的关键因素。这一章详细剖析了职业教育改革的三大核心特征：一是对职业教育进行优化以满足劳动力市场的实际需求；二是强化职业教育系统的国际化特质；三是确保人们能够在终身学习的框架下接受职业教育。这三方面的改革不仅展现了格鲁吉亚政府在提升教育质量方面的创新性尝试和务实行动，也体现了其在促进国际合作和满足劳动力市场需求方面的持续努力。此外，本章还深入探讨格鲁吉亚在实施这一系列改革措施过程中遭遇的种种挑战，以及为应对这些挑战所采取的策略。我们相信，对格鲁吉亚职业教育改革的深度剖析，将为其他国家在进行职业教育改革时提供有益的启示和参考。

第六章探讨非洲职业教育的新发展，并从非盟发布的《促进青年就业的职业技术教育大陆战略》（以下简称《大陆战略》）来审视该地区职业教育的改革动态。这一章意在揭示非洲如何通过职业教育的创新与改革，来应对经济困境、高失业率、技能与市场需求不匹配等多重挑战。《大陆战略》的背景是非洲职业教育面临着众多问题，如辍学率高、技能不适应市场需求等，这迫使非洲必须对职业教育拨款体系进行改革，以提高其公平性和效率。2007 年的《非洲职业技术教育和培训振兴战略》（以下简称《振兴战略》）实施效果显示，实际成效有限，亟需重新审视和调整。本章还详细解析了《大陆战略》的主要内容和目标。该战略以非盟的发展愿景为导向，旨在实现职业教育的范式转变，培养青年人成为工作的创造者而非仅是求职者。具体而言，战略的核心目标包括促进高效优质的职业教育体系的形成、确保培训内容与劳动力市场需求相匹配、发展创造力、创新力和创业能力、改善法律和政治环境、发展学徒制以及提高职业教育的社会地位和吸引力。此外，通过进一步的对比分析，揭示 2014 年《大陆战略》与 2007 年《振兴战略》之间的不同之处。显著的差异表现在非盟组织及其成员国对职业教育的支持力度显著增强，以及战略在培养工作创造者、发挥生产部门作用以及融入职业教育发展全过程等方面的积极变化。然而，《大陆战略》的实施并非一帆风顺，其面临着政治不稳定、经济发展水平落后、基础教育不足以及对职业教育本身研究严重不足等障碍。针对这些问题，本章将提出一些思考和建议。最后，将探讨非洲职业教育范式的转变以及《大陆战略》提出的五大措施：建立全面连贯的职业教育体系、重新定义"行业"和"职业"、制定具体的培训和课程内容、加强师资培训、完善职业教育基础设施。这些改革措施的实施将对非洲职业教育的质量和效率产生深远影响。

在当前的全球化背景下,区域性的职业教育如何应对挑战、适应变革以及培养与市场对接的高质量劳动力,已经成为各国和地区关注的核心议题。第七章详细探讨了加勒比共同体在此领域的努力和实践。首先,将详述加勒比共同体职业教育改革的背景。面对经济全球化与教育国际化所带来的多重挑战,该地区急需提升自身的经济竞争力与劳动力素质。为此,加勒比共同体制定了"教育就业计划",旨在系统性地改革职业教育的拨款体系。该计划不仅构建了一个统一的职业教育拨款机制,包括应付拨款和战略性拨款,并根据学生人数、单位成本、学业完成情况以及有效性进行资金分配,更进一步地建立了加勒比职业资格证书制度,这无疑为该地区的职业教育带来了一体化与标准化的双重保障。最后,为确保这一改革计划的顺利实施与长效运行,本章还将阐述其所依赖的保障机制。国家学习和资格集成数据库的引入,为拨款提供了实时、准确的综合数据依据。而通过问卷调查,从学生和劳动力市场收集的反馈意见,为评估和不断完善职业教育提供了宝贵的第一手资料。

第八章将目光转向了澳大利亚职业教育的发展与创新。本章主要探讨澳大利亚如何在职业教育中加强技能人才的数字技能培训,并全面剖析了该国在这方面的改革实践。随着数字经济时代的来临,传统的生产和劳动力培训方式面临着必须进行转变的压力。为响应这一变革,澳大利亚政府近年来逐步加强了职业教育中的数字技能培训,致力于培养一支具备高水平数字技能的专业人才队伍。本章详细介绍了澳大利亚在顶层设计、标准制定、课程开发和技能认证等方面所做的系统性工作,以构建一套高效、创新的数字技能人才培养体系。具体包括澳大利亚在数字技能培养方面所实施的一系列策略和举措,如制定全方位的数字经济战略布局、建立不同层次的数字技能框架、搭建面向不同群体的数字技能学习平台,以及拓展多样化的数字技能认证渠道等。此外,还分析了澳大利亚在数字经济时代面临的一系列挑战和机遇,如劳动力供需不匹配、数字素养普遍水平不高、职业技能培训的更新滞后以及雇主对于数字技能需求的不明确性等,这些问题均对澳大利亚职业教育体系的完善和发展提出了新的要求。在深入剖析了澳大利亚数字技能人才培养的体系和实践后,本章指出该体系的三大特点:一是紧密服务于国家数字经济战略,以确保职业教育的发展方向与国家发展战略相一致;二是促成各方利益主体之间的良性互动,构建起一个协同、和谐的教育生态;三是有效运用新兴技能认证手段,推动职业教育人才培养的持续创新。

　　第九章转向邻国印度，探讨该国中等职业教育的改革动态。2014年，印度政府颁布了具有里程碑意义的"新中等教育职业化计划"，标志着该国对中等职业教育的支持力度空前加强。该计划着眼于重新评估人力资源需求，主张将职业教育融入中等教育的各个阶段，并实施以能力为本位的模块化课程。同时，计划亦提出建立与国家职业教育资格框架相对接的资格认证体系，完善教师资格认证与评价体系，并加大对女性和特殊群体职业教育的重视。本章深入剖析了"新中等教育职业化计划"的背景、内容及其独特之处，重点分析了该计划对印度职业教育体系改革和发展的深远影响。自1988年"中等教育职业化计划"实施以来，中等职业教育面临规模不足、资金短缺、师资不足等一系列问题，这导致了教育质量的下降和毕业生就业的困难。此外，本章还介绍了2012年印度出台的国家职业教育资格框架，该框架通过设定技能层级、国家职业标准和学分框架，促使职业教育体系得到了完善，并推动了教育质量的提升。新计划强调实践训练的重要性，要求学校与企业紧密合作，政府为参与实训的企业提供税收减免等激励措施，并特别资助农村地区的职业教育实践。通过一系列革新措施，新计划展现了印度政府对中等职业教育逐渐增强的支持力度，也突显了人才培养模式的转变，使得职业教育体系在国家职业教育资格框架的支持下变得更为灵活多样。最后，本章还探讨了印度新计划对中国中等职业教育的借鉴意义。中国中等职业教育亦面临着一系列问题，如规模不足、优质师资缺乏、与社会联系不紧密、纵横流动性弱等，因此，印度的经验对中国来说具有一定的参考价值。例如，在财政投入机制上，中国需平衡普通高中教育与中等职业教育的投入比例；在提高流动性上，有必要构建学分累计和转换体系，加强中等职业教育与其他阶段职业教育之间的联系，以更好地促进职业教育的整体发展。

　　本书希望通过对这些国家和地区职业教育的深入剖析，为全球职业教育改革的深化与推广提供有价值的参考。本书通过深入探究各国职业教育的多样性、创新性和可持续性，揭示了各地区根据其独特的社会、经济和文化背景制定差异化的政策和实践，为全球职业教育的发展提供了丰富的实例和经验。各国在面对数字化、全球化和社会变革等挑战时，都展现出了职业教育体系的创新性。本书不仅提供了理论分析，还结合了实际应用，为职业教育的实践提供了有价值的启示，有助于读者理解不同国家职业教育体系的优势和不足，推动国际间的学术交流和合作，为全球职业教育的发展提供新的思路和方向。

目　录

第一章
国际职业技术教育发展的挑战与机遇

近几十年来,职业技术教育与工业技能需求之间的相互作用已成为学术界和决策者高度关注的问题。对于渴望实现经济赶超的发展中国家来说,增加对职业技术教育的投资似乎是一个直接的解决方案。然而,对工业和教育之间差距的抱怨从未停止。事实上,一些人认为在职业技术教育中起作用的教育和经济逻辑之间存在内在的紧张关系。[1] 这种紧张关系正在因快速的技术和工业变革而进一步加剧。然而职业技术教育面临的挑战还不止于此。在全球范围内,青年进入稳定的正规部门就业的希望越来越渺茫,而气候危机意味着人们越来越关注技能、工作和工作如何变得绿色,以及职业技术教育在人类世气候变化中所扮演的角色。[2] 在世界许多地方,职业技术教育也加剧了性别、种族、残疾等方面的不平等和不公正。此外,有新的批评认为,职业技术教育过于注重就业能力和生产力方面的技能,而忘记了其在向成年和公民身份过渡方面的长期作用。[3] 事实上,技能发展是多个联合国人类可持续发展目标(Sustainable Development Goals, SDGs)的核心。最明显相关的是可持续发展目标四"优质

① Allais, S., & Wedekind, V. Targets, TVET and transformation [M/OL]//Wulff, A. Grading Goal Four: Tensions, threats, and opportunities in the sustainable development goal on quality education. London: Sense, 2020. 322 - 338.

② Clarke, L., Sahin-Dikmen, M., & Winch, C. Overcoming diverse approaches to vocational education and training to combat climate change: The case of low energy construction in Europe [J]. Oxford Review of Education, 2020, 46(5): 619 - 636.

③ Maclean, R. & Lai, A. The future of technical and vocational education and training: Global challenges and possibilities [J]. International Journal of Training Research, 2011, 9(1 - 2): 2 - 15.

教育"，其中具体目标 3 强调改善获得职业教育和培训以及高等教育的机会，具体目标 4 是关于体面工作的技能和知识。当然，技能发展也与可持续发展目标八"体面工作和经济增长"和目标九"工业、创新和基础设施"相关，是实现其他目标的必要基础。

如果说技能发展是实现人类可持续发展目标的基石，那么指向技能发展的高质量职业技术教育将是全球职业技术教育发展的未来趋势。联合国教科文组织在 2012 年召开的第三届国际职业技术教育和培训大会上提出要发展高质量的职业技术教育，强调："需要努力提升各种类型以及多种背景下开展的职业技术教育与培训的质量。质量是指职业技术教育为个人以及更广泛的教育和可持续发展议程做出的贡献。"[①]为提高职业教育质量，一些国家和国际组织已经采取行动，通过完善职业教育政策，实施相关实践措施，持续提升职业教育的教学质量，以适应不断变化的国际劳动力市场需求。这些政府和组织意识到职业技术教育在帮助工人应对未来就业市场中的重要性，特别是在当前这个充满挑战和变革的时代。因此，不仅在政策层面推动改革，加大投入，还强调实践教学和与产业界的紧密合作，以确保学生能够获得实际、实用的技能和经验。通过这些综合性的努力，职业教育正逐渐适应并满足国际劳动力市场的多样化和发展需求，为全球范围内应对劳动力市场挑战打下坚实基础。

第一节　全球职业技术教育发展面临的挑战

全球就业形势正面临前所未有的严峻挑战，地缘政治紧张、俄乌冲突、新冠疫情以及供应链持续存在的瓶颈，都为滞胀的出现埋下了隐患。近年来，我们见证了自 20 世纪 70 年代以来首次高通胀与低增长并存的局面，这无疑给全球经济带来了巨大的压力和挑战。在这样的大背景下，各国政府面临着在尚未完成就业复苏的环境中应对高通胀的巨大取舍问题。大多数国家的就业率和工作时

---

① UNESCO. Transforming technical and vocational education and training: Building skills for work and life [R]. Shanghai: The 3rd International Congress on Technical and Vocational Education and Training, 2012:22.

数都还未恢复到 2019 年底新冠疫情暴发前的水平。而主要的食品和大宗商品市场所遭遇的一系列供应冲击,使得生产者价格上涨,推动了消费价格通胀飙升,迫使政府采取更为紧缩的政策立场。在劳动收入无法相应增加的情况下,生活成本的增加直接威胁到了广大家庭的基本生计,加大了抑制总需求的风险。

为应对新冠疫情带来的冲击,很多国家积累了巨额债务,在无形中增加了全球债务危机的风险,尤其是对那些前沿市场脆弱复苏的国家来说,风险更加突出。在这充满挑战的环境下,体面工作的严重缺乏更是削弱了社会的公正性。数亿人面临着无法获得有偿工作的困境。据统计,2022 年全球就业缺口为 4.73亿人,就业缺口率达 12.3%,其中包括 2.05 亿未就业人口和 2.68 亿就业需求未得到满足但因不符合失业标准而失业的人口。① 大部分劳动者都是非正式就业,他们无法通过社会对话来表达和维护自己的利益,这使得收入分配的不平等性进一步加剧,更多人陷入了贫困。

这种不平等性不仅体现在国与国之间,在各国内部也表现得尤为突出。性别差距、年轻人就业困难等问题,都凸显了当前全球劳动力市场的不公平和不平等。特别是随着新冠疫情的暴发,非正规就业和在业贫困的问题更是进一步加剧。尽管从 2021 年开始,全球经济有所复苏,但预计的经济放缓将使得更好的就业机会变得更加稀缺。这不仅将劳动者推向质量更低的工作岗位,也剥夺了他们获得充分社会保护的机会。当物价上涨幅度超过名义收入时,实际劳动收入将会遭受侵蚀。这种情况下,高收入国家的需求下降压力通过全球供应链传导给中低收入国家,进而加剧了全球范围内的就业困难。持续的供应链中断对就业前景和工作质量的威胁,尤其在前沿市场,更是降低了劳动力市场迅速复苏的可能性。

为了应对全球劳动力市场的严峻挑战,并增强年轻人在就业市场中的竞争力,各国政府和国际组织已经采取了行动,推出了一系列改革方案,目标直指职业技术教育的质量提升,意在为现代化生产输送更多优质劳动者。因此,通过改革职业教育的政策制度和实施方式,进而推进职业教育的现代化和适应力,已成为必然趋势。其中,联合国教科文组织将培养具有现代性和竞争力的资格与能

---

① World Labour Organization. World employment and social outlook: Trends 2023 [R]. Geneva: International Labour Office, 2023:12.

力作为实现全球职业教育治理目标的重要工具，认为"资格与能力密切联系，都与个体的学习成果及自身素质相关，资格更强调正规化的承认，能力更侧重情境中的应用，具有内在的一致性与协调性"[①]。该组织新近发布的《改革职业技术教育与培训，促进成功和公正的过渡：2022—2029战略》建议建立更具包容性、复原力和相关性的终身学习体系，以应对不断变化的技能需求以及向绿色和数字经济的转型。[②] 这种转型需要采取终身学习的方法，通过灵活的途径来培养、再培养和提高技能，要求确定和预测向数字经济和绿色经济转型所需的技能，而这一目标的实现有赖于社会、雇主和包括青年在内的民间力量的参与。

第二节 全球职业技术教育发展的机遇

随着全球化进程的不断加快，职业技术教育正逐渐成为国际关注的焦点。联合国、世界银行等权威国际组织对职业教育改革的重视，推动了职业教育国际标准的制定和实施，这对各国提升职业教育质量和效益具有重要意义。这种国际层面的推动，正好与各国政府增加对职业教育投入的努力相呼应。随着工业化和信息化的发展，对高技能人才的需求愈发旺盛，众多国家纷纷加大财政投入，以期培养更多符合市场需求的人才，从而提升国家竞争力。数字化转型为职业教育的发展打开了新的大门。创新的在线教育平台、虚拟实验室等数字化教学方法使得教育资源更为丰富，学习方式更加多样化和便捷，有助于缩小不同地区、不同国家之间的教育差距。这种教育形式的推广和发展，为实现教育公平和提高教育质量提供了有力支持。深度校企合作已成为推动职业教育高质量发展的关键策略。各国正积极寻求学校与企业之间的紧密合作，以实现教育与产业的无缝对接。通过这种产教融合的模式，学生能够更早接触实际工作环境，从而提高毕业生的就业质量和竞争力。在推动职业技术教育发展的同时，各国也在努力传承可持续发展理念。在职业教育中融入环保意识和社会责任感的教育，

---

① 高飞.联合国教科文组织职业教育新型资格与能力解读：基于全球教育治理的视角[J].比较教育研究，2023(7)：37-46.

② UNESCO. Transforming technological and vocational education and training for successful and just transitions [R]. Pairs: UNESCO, 2022.

旨在培养具有全球视野和责任心的新一代人才,这对于推动全球可持续发展具有深远的影响。针对职业教育教师短缺的问题,各国都在采取积极措施进行解决。政策层面的优化、教师待遇的提高以及招聘流程的简化等,都在努力吸引更多优秀人才加入职业教育队伍,以满足不断增长的职业教育需求。全球职业教育的国际合作也在不断加深,各国之间的交流与合作逐渐成为常态。这种国际间的合作与交流,有助于各国在职业教育领域相互学习和借鉴,不断提升职业教育的整体水平。终身化学习的理念正逐渐渗透到职业教育中。随着社会的不断发展变化,个体的学习需求也在不断变化,推进职业教育培训的终身化发展,将帮助人们适应职业生涯的多变性,保持终身学习的动力和能力。

一、国际组织愈发关注职业教育改革

随着全球化进程的加快和国际劳动力市场的日益多元化,国际组织越来越认识到职业教育在推动经济发展和社会进步中的核心作用。特别是在经济全球化和技术革命的双重背景下,国际组织对职业教育的定位和期望也在不断调整和升高。

国际组织对职业教育的重视主要体现在制定和推动一系列的国际政策和标准。这些政策和标准旨在推动各国政府改革和完善职业教育体系,以适应全球劳动力市场的变化和需求。例如,联合国教科文组织等所推动的"教育转型"策略,就是为了培养更多具有国际视野和创新能力的人才,从而推动全球可持续发展目标的实现。[①] 同时,这些国际组织还积极开展了一系列的国际合作项目和研究活动,以推动职业教育的发展和改革。例如,经济合作与发展组织 2022 年召开的技能峰会(Jobs and Skills Summit)指出,新一轮的自动化浪潮,尤其是人工智能、机器学习和大数据等前沿技术的广泛应用,正在深刻改变着全球的产业结构和劳动力市场,未来可能会有一半以上的岗位受到数字技术的直接影响,这无疑给各国政府和社会带来了巨大的挑战。[②] 在这种情况下,技能政策的重要性不言而喻。技能,特别是数字技能、认知技能和社会情感技能,被视为应对未来劳动市场变化的关键。经济合作与发展组织通过集结全球的智慧和力量,探

---

① UNESCO. Transforming technological and vocational education and training for successful and just transitions [R]. Pairs: UNESCO, 2022.5.

② OECD Centre for Skills. Building vulnerable people's skills for a digital, green, & inclusive world [EB/OL]. [2023 - 03 - 08]. https://oecdedutoday.com/building-future-skills/.

讨和分享职业教育改革的最佳实践和经验，为各国政府和教育机构提供有价值的参考和指导，建议制定和实施有力的政策，确保劳动力市场中的工人能够获得必要的技能培训和再教育机会，以适应技术进步带来的新需求。[①]

此外，国际组织还通过资金投入、技术支持和能力建设等多种方式，支持区域职业教育改革和发展。例如，欧洲职业培训发展中心（European Centre for the Development of Vocational Training, CEDEFOP）和东南亚教育部长组织（Southeast Asian Ministers of Education Organization, SEAMEO）分别代表着欧洲和东南亚两个地理区域，其发布的职业教育报告蕴含着深刻的区域特色和战略思考。这些报告综合了各自地区在职业教育领域的发展状况、政策环境、教育资源和市场需求等多个因素，针对性地提出了一系列创新性和实用性的改革建议和发展方案。欧洲职业培训发展中心发布的《欧洲职业教育与培训的未来》报告，从欧洲多国家多层面的视角出发，深入探讨了职业教育与培训的未来，强调了技能升级的重要性，并提出了多个推动课程结构、课程内容、教学模式等方面转型的具体策略。[②] 其研究成果不仅为欧洲国家在职业教育领域的改革和发展提供了有益借鉴，也对全球其他地区的职业教育体系建设提供了灵感和启示。其中，东南亚教育部长组织的报告则聚焦东南亚地区的特殊背景和需求，着重探讨了终身教育的价值，强调了各成员国在提高对终身教育的关注、认识和投资方面的责任和机遇。[③] 该报告还提出了一系列针对终身学习和非传统教育资格的认可方案，旨在推动区域内教育的多样性和包容性，为东南亚地区的职业教育改革和人才培养提供了全新的思路。这两份报告的发布，代表了国际社会对职业教育未来发展的不断探索和实践，它们以开放和包容的视野，结合各自区域的实际情况，为推动全球职业教育的可持续发展提供了宝贵的理论支持和实践经验。同时，这些报告也为国际间的教育交流与合作搭建了桥梁，为不同地区之间相互学习、共同进步奠定了基础。

[①] OECD Centre for Skills. ECD Skills Strategy 2019: Skills to shape a better future [R]. Paris: OECD, 2019:3 - 8.

[②] European Centre for the Development of Vocational Training. The future of vocational education and training in Europe: Synthesis report [R]. Luxembourg: Publication Office of the European Union, 2023.

[③] SEA-TVET consortium overview [EB/OL]. [2023 - 09 - 27]. https://seatvet. seameo. org/ overview.

　　上述来自国家组织的支持不仅有助于提高这些地区的职业教育水平和质量，同时也为推动全球教育公平和可持续发展作出了贡献。国际组织对职业教育的重视和支持，也推动了各国政府和社会各界对职业教育的认识和重视。越来越多的国家开始将职业教育纳入国家发展战略，制定和实施一系列政策措施，推动职业教育与时俱进，以适应经济社会发展的需求。国际组织通过多渠道、多层次、多形式的合作和支持，推动全球职业教育改革和发展，为构建更加公平、公正和可持续的全球教育体系打下了坚实基础。这种趋势预示着职业教育将在未来全球教育发展中扮演更加重要的角色，为培养全球化时代的人才和推动全球经济社会发展作出更大的贡献。

二、各国持续增加对职业教育发展的投入

　　在全球范围内，各国政府都在持续增加对职业教育发展的投入，以应对日新月异的劳动市场需求和经济结构转变。政策背景和驱动力在这一发展趋势中起着至关重要的作用。英国、芬兰、德国、西班牙等国纷纷实施了一系列战略性的政策和法规，旨在通过经济投入和政策支持推进职业教育的发展，从而为提升劳动力市场的人才工作能力创造良好条件。这些政策的实施不仅表明了各国政府对于职业教育的重视，更体现了它们在促进社会经济发展方面的战略意图。

　　进一步来看，政府、企业和教育机构的协作成为推动职业教育发展的关键力量。各国正在通过这三方的紧密合作，创新职业教育模式，以适应不断演变的劳动市场需求。这种多方合作不仅强化了职业教育与实际工作需求的联系，也为学生提供了更多实践机会，助力他们更好地融入职业世界。而在教育内容与劳动市场需求的匹配方面，各国也在进行积极的探索与改革。例如，西班牙政府通过了《职业教育现代化计划》(Vocational Education Modernization Plan)，提案拨款约 2.73 亿欧元用于推动职业教育发展，创建一个经济重新启动的生态系统，并保证从职业教育系统的学生到劳动力的全体人口都能得到专业培训和资格认证。① 在数字化、全球化的当今社会，终身学习和持续技能提升对于个人职业发展至关重要。因此，各国政府在技能培训和终身学习方面加大了投入和支

---

① National reforms in vocational education and training and adult learning［EB/OL］.［2023 - 09 - 27］. https://eurydice. eacea. ec. europa. eu/national-education-systems/spain/national-reforms-vocational-education-and-training-and-adult.

持，为职业教育的持续发展奠定了坚实基础。

至于经费投入与基础设施建设，各国政府的大力支持无疑为职业教育的快速发展提供了有力保障。例如，英国政府投入巨资资助继续教育学校的基础设施建设，芬兰教育文化部则拨出战略资金用于职业教育和培训，这些都为提升职业教育质量和满足多样化需求创造了条件。在国际比较与互鉴的层面，各国也在不断学习借鉴彼此的成功经验和实践模式。① 这不仅有助于加深国际间职业教育改革和合作，更为全球职业教育的共同发展和进步提供了有益启示。各国政府对职业教育发展的持续投入和支持，以及他们在政策实施、多方合作、内容改革、技能培训等方面的努力，都体现了职业教育在全球教育体系中的重要地位和价值。这一趋势无疑将为未来职业教育的发展和国际合作奠定更为坚实的基础。

三、全球职业教育的数字化转型

在全球范围内，职业教育的数字化转型已经成为一场不可阻挡的趋势。这一转型不仅表现在教育方法和技术的革新上，更体现在对于未来劳动市场需求的深刻理解与积极响应上。各国政府和教育机构正采取行动，通过资金投入、政策制定和国际合作，助力职业教育适应数字化时代的挑战。

以德国为例，该国政府通过与联邦各州的紧密合作，积极推动人工智能研究中心的发展。② 这是一种跨领域、多方位的合作模式，目标是将先进的人工智能研发成果快速转化为实际应用，满足不断变化的职业市场需求。这一举措不仅有助于培养具备高端数字技能的人才，也为德国的职业教育打造了一个以技术和创新为核心的新模式。③ 越南则通过与多个国际知名企业和机构的合作，将全球最前沿的数字经济理念和技术引入职业教育体系。这一系列合作与交流，为越南职业教育领域带来了新的发展机遇，加快了其数字化转型的步伐，同时也

① National reforms in vocational education and training and adult learning［EB/OL］．［2023 - 09 - 27］. https://eurydice. eacea. ec. europa. eu/national-education-systems.
② 买琳燕,何嘉晖. 面向未来的德国职业教育创新发展策略:基于"塑造未来:卓越职业教育与培训创新计划"的解析[J]. 职业教育研究,2022(5):85 - 89.
③ 伍慧萍. 德国职业教育的数字化转型:战略规划、项目布局与效果评估[J]. 外国教育研究,2021,48(4):76 - 88.

加强了该国在国际职业教育舞台上的竞争力。[①]

联合国教科文组织职业技术教育与培训国际中心推出的网络合作计划，是全球范围内推动职业教育数字化转型的又一重要举措。该计划通过实施针对性强、覆盖面广的数字能力培训，为全球职业教育工作者提供了一个学习交流的平台，从而提高了全球职业教育的整体数字化水平。[②] 而欧洲社会基金（European Social Fund，ESF）提出的十项标准化规定，更是体现了欧洲在推动职业教育数字化方面的决心和实力。[③] 这些规定以实际行动为导向，旨在提升数字学习体验的质量，为职业教育提供了一套可行的数字化路径，有助于各成员国统一标准，共同推进职业教育的现代化发展。

全球各国在职业教育的数字化转型上展现出了巨大的活力和创造力，它们通过不断的探索和实践，不仅推动了各自国家职业教育的发展，更为全球职业教育的未来描绘了一幅充满希望和可能性的蓝图。

四、深度校企合作促进高质量就业

在经济全球化、科技快速发展的时代，全球各国正面临着就业环境的巨大变革。面对经济增速的放缓与就业市场的复杂性，深度校企合作显得尤为关键，它为培养符合市场需求的高质量劳动力提供了有力支持。不同国家和地区通过与企业的紧密协作，成功地打造了一系列创新的职业教育项目，推动了人才的培养和经济的可持续发展。

例如，在加拿大卑诗省，政府与企业的合作促成了农业技术创新中心的设立，这不仅预计带来 200 个新的工作岗位，还为超过 700 名员工提供了实际操作的培训机会，推动了农业技术的快速发展与地区产业的提升。[④] 在新加坡，工艺教育学院与维视公司正着力于 3D 虚拟化领域的培训，以满足未来数字化经济

---

① 代以平，冯珊珊. 越南职业教育数字化转型的背景、举措及启示[J]. 教育与职业，2023(1)：74-81.

② The World Bank, UNESCO, and the International Labour Organization. Building better formal TVET systems: Principles and practice in low- and middle-income countries [EB/OL]. [2023-09-27]. https://unesdoc.unesco.org/ark:/48223/pf0000386135.

③ Educational programme with ESF funding from the EU [EB/OL]. [2023-09-27]. https://wilgz.agh.edu.pl/en/ri/projects/implemented/educational-programme-with-esf-funding-from-the-eu/.

④ Supporting B. C. jobs, food security through Agritech [EB/OL]. [2023-09-27]. https://news.gov.bc.ca/releases/2023AF0002-000090.

对技术人才的强烈需求。此外，新加坡教育部推行的新的技能职业转换计划，也进一步强化了职业教育领域的资金支持，使得学员在培训前后获得了更加全面的服务。澳大利亚政府也采取了创新措施，投入了大量资金实施"数字技能学员试验"项目，助力学生将理论知识运用到实际工作中，培养出符合企业需求的专业人才，推动了数字产业的蓬勃发展。除了国家政府的努力，国际组织如世界银行也在促进全球就业方面起到了不可忽视的作用。在老挝，世界银行支持了多个政府部门实施"优先领域技能成长项目"（Priority Skills for Growth Project），通过多方位的支持，包括课程开发、教师培训、提供在线学习平台等，为老挝青年创造了更为广阔的就业前景。[①]

这些实际案例表明，无论是发达国家还是发展中国家，深度校企合作都是实现高质量就业的有效手段。在这种合作模式下，教育与产业的融合，使得学生能在实际环境中学习与实践，为未来职场生涯做好准备。在未来的发展中，深度校企合作将会继续扮演重要角色，为全球经济的可持续发展提供坚实的人才基础。

五、各国职业教育重视可持续发展理念

随着全球化的发展和环境问题的加剧，各国正积极探索绿色转型之路，期望通过经济、能源和产业结构的全方位升级，达成经济社会可持续发展的目标。在这个过程中，职业教育的地位日益显现，它被视为引领社会向绿色转型的关键力量。为此，各国及国际组织纷纷提出绿色职业教育的发展策略，致力于打造一种符合经济社会绿色发展需求的教育新模式。

联合国提出的《2030年可持续发展议程》明确指出技能发展的重要性，并着重强调了实现经济社会数字化、绿色发展和包容性转型的必要性。[②] 在这样的大背景下，技术和职业教育的转型和创新显得尤为紧迫，它们将成为实现全球发展公平与成功的关键因素。经济合作与发展组织也在积极推广绿色转型的理念，提倡绿色创新，目标是通过创造绿色就业，实现经济的可持续增长。[③] 这种

---

① Boosting skills for better growth in Lao PDR ［EB/OL］. ［2023 - 09 - 27］. https://www.worldbank. org/en/news/press-release/2022/03/03/boosting-skills-for-better-growth-in-lao-pdr.

② UNESCO. Education 2030 Incheon declaration: Towards inclusive and equitable quality education and lifelong learning for all ［R］. Paris: UNESCO, 2015.

③ OECD. Assessing and anticipating skills for the green transition: Unlocking talent for a sustainable future ［R］. Geneva: OECD, 2023.

创新和转型不仅有助于实现经济的全方位绿色发展,还能促进社会的和谐与进步。

以职业教育与培训欧洲论坛(European Forum of Technical and Vocational Education and Training,EfVET)为代表的组织,致力于实践欧盟的可持续发展和循环生产理念。通过推出 Fields 项目,该组织期望促使农业教育领域走向绿色、循环,从而推动资源的高效利用,减轻环境污染,恢复生物多样性,实现农业领域的可持续发展。[①] 在对气候变化带来的挑战和压力进行深入研究的同时,该组织特别强调了向年轻一代传授园艺及农事科学技术的重要性,以确保全球粮食安全,并培养未来具备绿色意识的农业人才。

从全球角度来看,政府、国际组织及教育机构都在不断推动绿色职业教育的发展,旨在培养一批具备绿色技能和理念的新一代人才,为推动全球经济社会的可持续发展作出贡献。这一趋势反映了全球范围内对实现可持续发展目标的共识和努力,也预示着职业教育正在走向更加绿色、环保和可持续的未来,这无疑将对人类社会的未来产生深远而积极的影响。

六、各国采取措施解决职业教育教师短缺问题

随着职业教育的全球化进程加快,教师数量不足以及专业技能型教师短缺的问题已成为多个国家和地区所共同关注的挑战。针对这一实际困境,各国及国际组织纷纷出台了一系列措施,加强教师队伍的建设,提高教师的专业素质,以适应职业教育的多样化发展需求。

其中,联合国教科文组织正携手各成员国,推动与教师相关的政策改革,发起了一系列以数字技术、性别平等及包容性为核心的培训项目。这些培训计划填补了全球范围内大约 6 900 万教师的缺口,助力他们适应教育领域的快速演变,满足新时代教育模式的要求。[②] 值得一提的是,联合国教科文组织推出的"全球教师校园"项目,向全球教师提供了多样化的在线学习资源,这一项目囊括

①　European Forum of Technical and Vocational Education and Training. Addressing the current and future skill needs for sustainability, digitalization, and the bio-economy in agriculture: European skills agenda and strategy sector skills alliance [EB/OL]. [2023 - 07 - 02]. https://efvet.org/fields/.

②　UNESCO-UNEVOC International Centre for Technical and Vocational Education and Training. Digital skills development in TVET teacher training [R]. Bonn: UNESCO-UNEVOC, 2022.

了多达 16 种语言和 38 门不同课程,着重提升教师在信息通信技术、在线或混合教学以及提供社会情感支持等方面的综合能力。① 与此同时,世界银行实施的教学技术(Teaching for Technology)项目,立足于协助各国制定和执行效果显著、具有可扩展性的教师专业发展方案,该项目运用了一系列的创新技术解决方案,旨在培养和扶持教师成为推动终身学习的积极分子,以满足现代教育体系的不断变化和发展。②

为解决全球职业教育教师短缺问题,各国和多个国际组织正在采取积极措施,推行一系列针对性强、创新性高的教师培训和专业发展项目。这些努力不仅提升了教师的教学能力和专业技能,而且为推进全球职业教育的高品质发展提供了有力支持。

七、全球职业教育国际合作进一步加深

在全球化交流日趋密切的今天,职业教育成为各国人才培养的重要组成部分,这一趋势在新冠疫情的影响下表现得更为明显。尽管面临挑战,各国依然展现出对职业教育发展的坚定信念,通过不断加深国际合作,推动职业教育的多元化和国际化进程。

英国推出的"图灵计划"便是此种努力的一个缩影。该项目旨在开阔学生的国际视野,提供多元化的学习、实践与交流机会,涵盖了美国、日本、加拿大、泰国、南非等 150 多个国家和地区。这一跨国教育计划不仅为英国学生提供了宝贵的实际经验,也在全球范围内培养了具备高级技能和国际化素质的职业人才。③ 同样值得一提的是瑞典与南苏丹的职业教育合作项目。该项目由瑞典方面提供资金支持,针对南苏丹职业教育与培训的需求,为该国的职业教育发展提供了有力支撑。④ 这不仅有助于缓解南苏丹的职业教育资源短缺问题,还为该

---

① UNESCO. Global teacher campus [EB/OL]. [2023 - 09 - 11]. https://globaleducationcoalition. unesco. org/global-teacher-campus.

② The World Bank. Technology for teaching [EB/OL]. [2023 - 09 - 11]. https://www. worldbank. org/en/topic/teachers/brief/technology-for-teaching.

③ Turing Scheme. About the Turing Scheme [EB/OL]. [2023 - 09 - 28]. https://www. turing-scheme. org. uk/about/about-the-turing-scheme/.

④ Strengthening technical and vocational education and training in South Sudan [EB/OL]. [2023 - 09 - 27]. https://www. unesco. org/en/articles/strengthening-technical-and-vocational-education-and-training-south-sudan.

国未来的可持续发展奠定了基础。

　　这些实际的合作项目都极大地推动了参与国家在职业教育培训领域的发展，并为构建更加完善的全球职业教育体系奠定了基础。在这一背景下，更多的国家和地区开始积极探索国际合作的可能性，期望通过共同的努力，推动职业教育的创新和发展，以更好地适应全球化的发展需求。

八、推进职业教育培训的终身化发展

　　为适应全球化下经济社会的持续变革，培养劳动者具备持续学习与发展的能力，构建支持终身学习的环境，已成为不同国家紧迫的任务。全球各地纷纷制定和实施了一系列政策，积极推进终身职业教育培训的深化与发展。日本通过职业教育促进合作研讨会，不仅培养劳动者发展终身学习的习惯，还强调劳动者需从多个层面，如个人职业规划和雇主需求，实现平衡发展，进而提升终身学习的实际效能，以应对职业领域的多变需求。新加坡亦未缺席终身职业教育培训的推广行列。其高等教育学院推出的四门未来技能工读课程，旨在强化毕业生的职业准备，帮助他们赢得更多的行业认证，从而拓宽职业发展的途径和可能性。与此同时，联合国教科文组织终身学习研究所发布了一批新的政策建议，其中《将高等教育机构转变为终身学习机构》的政策简报明确指出，国家层面应通过相应政策法规来确立并完善终身学习制度，以实现全民终身学习的目标，并为之提供坚实的政策支柱。① 这些国际性的努力与合作，无疑进一步加深了终身职业教育培训的影响力和实施层次，为全球劳动者打开了更广泛的学习与发展大门。这对于实现全球职业教育培训的终身化发展，具有里程碑式的重要意义。期望在未来，更多国家和地区能共同参与，推动终身职业教育培训拥有更为广阔的发展前景，以满足未来社会和经济的多元需求。

　　综上所述，职业技术教育在全球范围内正迎来前所未有的发展机遇。国际合作、政府支持、数字化转型和终身化发展等多方面的因素，都将对职业教育的未来产生积极而深远的影响。

---

① UNESCO Institute for Lifelong Learning. Transforming higher education institutions into lifelong learning institutions [R]. Hamburg: UNESCO Institute for Lifelong Learning, 2022.

第二章
后疫情时代德国"双元制"职业教育的新变革

    德国"双元制"职业教育一直以高质量著称,也被德国政府视为二战后德国经济腾飞的重要原因。然而,新冠疫情的暴发让德国"双元制"职业教育受到严重冲击,其培训市场大幅度萎缩。根据最新发布的《2021 年德国职业教育报告》(*Berufsbildungsbericht 2021*),2020 年新签订的职业教育培训合同数量降至 50 万份以下,跌至 1992 年以来的最低水平。[①] "双元制"职业教育培训市场是"双元制"职业教育的晴雨表,其萎缩说明"双元制"职业教育遭遇了前所未有的困境。而企业作为"双元制"教育体系中最主要的"一元",对培训市场的兴衰起着重要影响。为重振"双元制"职业教育与培训,联邦政府采取了一系列措施,目前已经初见成效。本章围绕疫情期间德国"双元制"职业教育培训市场萎缩的现象,深入刨析问题产生的原因和德国联邦政府的应对策略,以期为我国职业教育的发展提供借鉴。需要说明的是,"双元制"职业教育培训市场萎缩的趋势在疫情之前就已经存在,但疫情作为催化剂使得其中原有的矛盾更为凸显,对此德国政府也已经出台了一系列改革措施,并已初见成效。

---

① Bundesministerium für Bildung und Forschung (BMBF). Berufsbildungsbericht 2021. [R] Bonn: Bundesministerium für Bildung und Forschung, 2021.

第一节　新冠疫情下的德国"双元制"教育培训市场现状

一、"双元制"培训热度下降

2020 年以来受新冠疫情的影响,德国"双元制"职业培训市场出现了前所未有的萎缩,最直观的表现就是"双元制"培训热度下降。新签订的"双元制"培训合同数量大幅下降。根据《2021 年德国职业教育报告》(*Berufsbildungsbericht 2021*)中的数据,新签订的"双元制"培训合同数量下降了 11.0%,仅有 46.75 万份,[①]刷新了近 30 年来的最低值。此外,"双元制"体系中注册申请人和注册培训名额也出现了几乎平行下降的情况。与前一年相比,企业所提供的培训名额减少了 8.8%,与此同时,新参加职业培训的人数也减少了 40 700 人,下降了 5.6%。[②] 在"双元制"职业教育培训合同数量下降的同时,双元制以外的职业学校教育和取得高等教育入学资格的人数却有所增长,这也从反面说明了"双元制"培训市场萎缩的事实。据统计,几乎所有的"双元制"职业领域都出现了下降,工业和商业(-13.9%)以及家政服务(-10.4%)尤其受到影响,只有在农业领域(+0.9%)有轻微的增长。[③] 但在参加"双元制"职业培训的人数下降的同时,参加以卫生、教育和社会服务领域为代表的职业学校培训的人数却有所增加,同时 2020 年"获得高等教育入学资格"的人数也显示出增长。[④] 这些现象都表明在疫情影响下"双元制"培训热度下降。

二、"双元制"培训名额供需不匹配加剧

培训市场萎缩的另一个表现就是"双元制"培训名额供需不匹配加剧。除了

① Bundesministerium für Bildung und Forschung(BMBF). Berufsbildungsbericht 2021. [R] Bonn: Bundesministerium für Bildung und Forschung, 2021.

② Bundesministerium für Bildung und Forschung(BMBF). Berufsbildungsbericht 2021. [R] Bonn: Bundesministerium für Bildung und Forschung, 2021.

③ Bundesministerium für Bildung und Forschung(BMBF). Berufsbildungsbericht 2021. [R] Bonn: Bundesministerium für Bildung und Forschung, 2021.

④ Bundesministerium für Bildung und Forschung（BMBF）. Berufsbildungsbericht 2020. [R] Bonn: Bundesministerium für Bildung und Forschung, 2020.

新签订的"双元制"培训合同数量大幅减少外，"双元制"职业教育培训市场中现有的培训名额供需不匹配的问题也越来越严重。截至 2021 年 9 月底，"双元制"培训市场上还有 63 177 个空缺的培训名额，但同时也有 67 818 名申请人没有找到合适的培训机会。[①] 2021 年 9 月底完成的培训名额占企业提供的培训名额比例以及仍在寻求培训名额的申请人占总申请人数量的比例都有所增加。这表明，企业所提供的培训岗位与申请人所想要参加的培训岗位不匹配的问题不断恶化。具体而言，培训名额供需不匹配的问题在职业种类和地域上尤其突出。

　　在职业差异上，高薪高技术含量的培训岗位更受欢迎。例如，有大量申请人选择媒体部门和商业部门的培训，导致企业提供的培训名额供不应求；而相比之下，饮食业、清洁业和食品业等行业领域的培训名额供大于求。一项关于"2020年年轻男性最愿意从事的 25 个职业"的调查显示，前三名最受欢迎的职业分别是汽车机电一体化技术员、IT 工程师和电子专家；而企业提供的培训名额空缺率最高的是屠夫、食品贸易销售员、快递邮政员等。[②] 供需之间职业不匹配的问题虽然可以通过申请者的区域流动在一定程度上得以缓解，但是年轻人的流动意愿普遍较低，而且即使年轻人愿意流动，也往往是为了追寻更好的培训机会和未来前景更好的职业，而不是填补那些没有人申请的职位培训。[③] 因此，培训名额供需不匹配的问题在未来有可能会进一步恶化。除"双元制"培训名额出现职业供需不匹配差异外，地区之间的供需不平衡差异也愈加明显。经济欠发达的德国东北部地区和鲁尔区等越来越多地出现供需不匹配的问题，而经济相对发达的南部巴伐利亚和巴登符腾堡州则较少受到影响。

　　2008 年的金融危机已经证明，职业教育和培训的发展状况与经济发展状况密切相关。在疫情期间保证职业教育和培训发展，是支撑经济发展渡过疫情难关的基础，也是后疫情时代谋求经济复苏的关键。因此，必须采取措施应对疫情给"双元制"职业教育培训市场带来的冲击，而厘清疫情冲击"双元制"职业教育

① Bundesinstitut für Berufsbildung（BIBB）. Ergebnis der Erhebung neu abgeschlossener Ausbildungsverträge zum 30. 9. 2021 im Vergleich zu den Vorjahren. ［EB/OL］（2021. 12. 19）https://www. bibb. de/dokumente/pdf/naa309/naa309_2021_tab006_0bund. pdf.

② Bundesministerium für Bildung und Forschung（BMBF）. Berufsbildungsbericht 2021. ［R］Bonn: Bundesministerium für Bildung und Forschung, 2021.

③ Bundesministerium für Bildung und Forschung（BMBF）. Berufsbildungsbericht 2020. ［R］Bonn: Bundesministerium für Bildung und Forschung, 2020.

培训市场的原因则是对症下药保障职业教育稳定发展的前提。

第二节　疫情下德国"双元制"职业教育培训
　　　市场萎缩的成因

从培训市场内部主体来看，可以发现个人和企业对于参与"双元制"职业教育兴趣的降低是导致德国"双元制"职业教育培训市场萎缩的直接原因。从"双元制"职业教育培训市场外部环境来看，主要有两方面的原因：一方面，德国的职业教育体系是由"双元制"职业教育和学校职业教育两部分构成的，因此，两者之间会存在此消彼长的竞争关系；另一方面，职业教育最终的指向是就业，但是疫情让整个就业市场进入寒冬，同时也加速了第四次工业革命的速度。在人工智能来临的时刻，传统的"双元制"职业教育培训体系显然还没有做好应对的准备，其培养的人才普遍存在数字化技能短缺的问题，无法适应新兴高科技产业的发展。

一、个人对"双元制"培训前景感到担忧

从个人层面看，"双元制"职业培训市场萎缩的原因是学生对于参与"双元制"培训前途感到担忧。疫情让学生普遍对参加"双元制"培训的前景感到悲观，这种悲观首先体现在学生对疫情下"双元制"培训的形式感到担忧。由于"双元制"培训侧重于对学生实践能力的培养，因此需要让学生在工厂中接受实训，这对于培训场所有较高的要求。德国联邦职业教育研究所（Federal Institute for Vocational Education and Training）的调查显示，疫情加剧了申请人在寻找培训场所时的不安全感。据统计，约有一半（46％）的申请人担心因为疫情而找不到合适的培训地点。[①]

此外，对参与"双元制"培训的前景持悲观态度的原因还包括线上培训导致学生满意度较低。由于疫情导致大部分培训需要在线上进行，而"双元制"实践部分的内容很难通过线上教学使学生完全掌握，因此，疫情期间参加"双元制"职

① Bundesministerium für Bildung und Forschung（BMBF）. Berufsbildungsbericht 2021. ［R］Bonn: Bundesministerium für Bildung und Forschung, 2021.

业培训的学生满意度并不是很高。除此之外，设备和网络等硬件设施问题也是导致学员对参与"双元制"培训感到不满意的原因。虽然几乎每个学员都有自己的智能手机，但是1/5的学员没有自己的笔记本电脑或PC端，还有1/5的受训者缺乏足够的移动数据流量。总之，近1/3的学员担心由于新冠疫情，他们将无法按计划完成培训。①

除担心疫情期间"双元制"培训的形式影响培训效果外，年轻人还担心"双元制"职业培训并不能给自己带来想要的职业前途。因此，德国许多学生放弃参加"双元制"培训，转而选择继续深造学习。调查显示，在2020年报告的53 137个剩余培训名额中，超过一半的"双元制"培训岗位仅需要参加培训的人获得初中证书即可，只有3 917个培训名额(7.4%)需要申请人获得大学录取资格，但在申请者中，有19 829人(26.9%)具有高等入学资格却仍在寻找合适的培训机会。② 也就是说，申请人的教育背景明显超过了企业对其教育背景的最低期望，这对于企业来讲通常没有问题，然而就申请人而言，他们的学历会使其对培训企业的预期更高，当"双元制"培训体系无法给自己提供想要的岗位培训时，一部分申请人会选择进入应用科技大学学习或者是进入综合性大学学习。尤其是考虑到疫情对于就业市场的冲击，年轻人往往会选择继续深造，这样既能进一步提升自己的就业能力，又可以暂时逃离疫情对就业市场的巨大冲击。因此，越来越多的人想要留在普通教育系统中，而不是过早投入双元制职业教育系统。疫情之下，学生对于"双元制"培训质量、未来就业前景的担忧使得他们较少选择"双元制"职业教育培训，也就造成了"双元制"培训市场的萎缩。

二、中小微企业参与"双元制"培训能力与热情不足

从企业层面看，"双元制"培训市场萎缩的原因是企业，尤其是小微企业的参与热情降低。企业作为"双元制"职业教育体系中最重要的"一元"，其意愿下降是导致"双元制"教育培训市场萎缩的最直接原因。在这当中，中小微企业数量众多，扮演着大量吸纳"双元制"培训人才的重要角色，但是由于本身抗

---

① Bundesministerium für Bildung und Forschung (BMBF). Berufsbildungsbericht 2021. [R] Bonn: Bundesministerium für Bildung und Forschung, 2021.

② Bundesministerium für Bildung und Forschung (BMBF). Berufsbildungsbericht 2020. [R] Bonn: Bundesministerium für Bildung und Forschung, 2020.

风险能力低,受疫情影响大,因此,中小微企业不再愿意投入"双元制"职业培训中。

合同中止率的显著上升可以反映出疫情冲击下企业参与"双元制"培训的热情正在降低。合同中止率是指在培训期间学员与企业中止合同的数量占总的双元制培训合同数量的比例。疫情期间,合同中止率明显高于往年。为此,德国联邦职业教育研究所开展了关于双元制培训合同中止原因的相关调查,其结果见表2.1。从调查结果可以看出,虽然大部分受访者表示中止合同是出于自身意愿或双方协商,但在企业层面,九成培训企业(93%)认为新冠疫情导致的不确定性促使其不得不退出培训。2020年4月至9月期间,德国联邦职业教育研究所对技术行业、工业和贸易、公共服务和酒店业等领域的1 300多家培训企业进行了新冠疫情暴发对企业参与培训的影响的相关调查。调查结果显示,疫情导致原先计划提供培训的企业面临资金周转困难及培训场地和人员不足等问题。[①] 在德国进行第二轮封锁之前就有16%的企业表示他们可能无法接收已完成培训的学员。[②] 可见,在新冠疫情的影响下,企业参与"双元制"培训的意愿显著降低。

表2.1　双元制培训合同中止的原因

自己提前结束培训(48%)	● 这份工作不符合自己的想法或不是自己想要的(近60%) ● 在培训期间没有得到足够的培训内容(39%)
双方同意中止培训(29%)	● 经济原因(25%),比如对目前的薪水或者培训后的薪水不满意(男性更加容易提到经济原因) ● 有机会获得新的学徒职位,所以放弃当前培训(20%)
企业中止培训(8%)	● 企业倒闭(8%) ● 新冠疫情导致的不确定性(93%) ● 财务原因(71%) ● 缺乏空间和人力资源(34%) ● 目前招聘培训生的困难(33%)或者找不到足够合适的申请人(31%)

信息来源：https://www. bmbf. de/SharedDocs/Publikationen/de/bmbf/3/31684 _ Berufsbildungsbericht_2021. pdf?__blob＝publicationFile&v＝5.

---

① Presseinformation des IAB. Auswirkungen der Covid-19-Pandemie: Jeder zehnteausbildungsberechtigte Betrieb könnte weniger Auszubildende einstellen. [EB/OL] (2021.2.22) [2022.1.25] iab. de/de/informationsservice/presse/presseinformationen/ausbildungsberechtigtebetriebe. aspx).

② Bundesministerium für Bildung und Forschung (BMBF). Berufsbildungsbericht 2021. [R] Bonn: Bundesministerium für Bildung und Forschung, 2021.

　　在受到疫情冲击的企业中，中小微企业参与"双元制"培训热情下降最为明显。2020 年提供培训的企业数量下降的主要原因就在于提供培训的微型企业数量的减少（－4 800 家或－2.5％）。① 中小微企业参与"双元制"培训热情下降的原因包括以下两个方面：第一，中小微企业抗风险能力不如大型企业，因此受疫情冲击更大。劳动力市场和职业研究所（Instituts für Arbeitsmarkt- und Berufsforschung, IAB）在 2021 年 4 月的调查显示，受疫情影响，有 1/3 的企业几乎完全停止营业，12％的企业认为其生存受到了很大的影响，其中，拥有 50 名员工以下的小型企业表示受到疫情的影响尤其严重。② 第二，并非每家企业都有权提供培训。劳动力市场和职业研究所提供的调查数据显示，仅有超过一半（54％）的企业有权提供培训。③ 企业规模越大就越被授予更多自主培训的权利，因而企业也更有意愿和能力为学生提供一个较长周期的培训并投入较高的生均培训成本，同时也更有自信吸引学生，为企业发展服务。而小微企业往往囿于自身能力不足，在疫情影响下能投入的培训成本和能提供的培训岗位有限，无法吸引到学生；同时小微企业还因无法持续承担高昂的培训费用，制定并执行长期稳定的培训计划，导致产品更新换代的速度远远超过小微企业培训"双元制"学生的速度，这使得小型培训企业在参与"双元制"培训的过程中处于劣势。提供培训的微型企业数量减少产生了两个严重后果：一方面，可能会减少低学历毕业生找到培训名额的机会，因为最小的手工艺行业往往是吸纳初高中毕业生的最重要的培训部门；另一方面，微型企业对培训的参与度下降，恰恰加剧了这些企业的技术工人的短缺。因此，参与"双元制"培训的企业数量减少会导致企业和申请者两败俱伤，对于疫情下维持经济稳定极其不利。

三、学校职业教育的蓬勃发展给"双元制"培训市场带来冲击

　　从"双元制"培训市场的外部环境来看，"双元制"职业教育培训市场萎缩是由于受到学校职业教育的挑战。德国职业教育培训体系按照实施主体来分，包

---

① Bundesministerium für Bildung und Forschung（BMBF）. Berufsbildungsbericht 2021. ［R］Bonn: Bundesministerium für Bildung und Forschung, 2021.

② STB Web. Prozent der Betriebe aktuell vom Lockdown betroffen. ［EB/OL］（2021.04.19）［2022. 3.31］https://www.stb-web.de/news/article.php/id/24853.

③ Bundesministerium für Bildung und Forschung（BMBF）. Berufsbildungsbericht 2020. ［R］Bonn: Bundesministerium für Bildung und Forschung, 2020.

括以企业为主体的"双元制"职业教育和以职业学校为主体的学校职业教育。在过去的几十年中,参加"双元制"职业培训的学生数量和比例一直处于一个绝对优势的位置,然而近几年却出现"双元制"初学者数量不断减少,而参加"双元制"以外的职业教育培训人数不断增加的现象。2020年,医疗保健职业培训学校新招收学生98 952人(比上年增加8.8%),社会教育领域培训学校的学生增加了4.5%,①学校职业培训逐渐成为德国职业培训的第二个支柱。

学校职业培训体系中参与卫生、教育和社会部门培训(Erziehungs-, Gesundheits- und Sozialberufen,简称GES-Berufe)的学生人数最多。2005年至2020年间,开始接受GES专业培训的人数增加了35.6%,②这反映了社会发展的需求。例如,由于人口老龄化,卫生领域中护理部门对熟练护工的需求有所增加,护理人员所需要学习的内容也有所变化。当联邦政府在2013年发布将3岁以下儿童纳入法定托管范围的条例后,对教育工作者的需求也大大增加。③ 日托机构对于熟练教育者的持续高需求,使该领域职业培训规模显著扩大。而疫情后,卫生、教育和社会部门职业人才的需求量急剧增加,有些地方甚至出现很大的人才缺口,这给双元制职业教育带来了不小挑战,也是"双元制"培训市场在疫情冲击下萎缩的原因之一。

四、产业革命导致企业对高学历人才的需求增多

从更大的外部环境来看,"双元制"培训市场萎缩是由于数字化产业革命而导致就业市场对于高学历、高数字化技能的人才需求增加。产业革命、人工智能既改变了原有的企业样貌,也催生了许多新的经济业态,但"双元制"职业教育培训显然还没有做好充分的应对,其所培养的人才的数字化技能不足以胜任最新的产业部门。尤其是疫情加速了新一轮数字化进程。面对疫情,各国政府迅速采取信息技术手段,搭建数字化治理平台精准抗击疫情,而疫情的冲击也倒逼企业进行深层思考和尝试数字化转型。为满足疫情下经济发展的需求,居家办公成为德国企业的复工首选。但德国企业也意识到,远程办公只能暂时解决企业

---

① Bundesministerium für Bildung und Forschung (BMBF). Berufsbildungsbericht 2021. [R] Bonn: Bundesministerium für Bildung und Forschung, 2021.
② Bundesministerium für Bildung und Forschung (BMBF). Berufsbildungsbericht 2021. [R] Bonn: Bundesministerium für Bildung und Forschung, 2021.
③ Die Bundesregierung. Rechtsanspruch für unter Dreijährige. [EB/OL] (2022.1) [2022.3.10] https://www.bundes-regierung.de/bregd.

疫情期间的员工协同问题，企业只有采用云计算、大数据、人工智能等技术实现企业业务全流程数字化转型，才能应对更多未来挑战。而企业数字化转型将进一步加速新一轮产业革命的进程，这对受教育程度低的求职者造成了强烈冲击。欧洲研究中心的一项研究发现，失业风险最高的是仅具有小学和初中文凭的工作者，其失业风险达到了 70%，而大学及以上学历的工作者失业风险也有30%。① 除此之外，德国学者的一项调查显示，新冠疫情会加剧德国社会的不平等，与从事技术类工作的高收入群体相比，单纯从事体力劳动的低收入者在面对数字化和疫情的双重冲击时更容易受到影响。② 事实上，新冠疫情只是劳动力市场变化的催化剂，加速了低技能低收入者失业的步伐，即使没有新冠疫情的冲击，这些人也很容易在自动化的浪潮中失业。这意味着未来职业教育将更注重高技能人才的培养，以提高他们的数字化能力和抗风险能力。总而言之，在后疫情时代，劳动力市场对于求职者的资格要求会进一步提高，劳动任务更多地集中在复杂的、具有创造性的非自动化任务上。因此，职业教育应重新思考要培养何种人才以及如何培养面向未来的职业技术人才等现实问题。

整体而言，"双元制"培训市场萎缩是多因素综合作用的结果，既有培训市场内部两主体（求职者个人和企业）的主观原因，又有培训市场外部（学校职业教育和产业革命的迅速发展）给"双元制"职业教育培训带来的客观压力。因此，联邦政府在制定相关解决措施时也必须综合考虑内外多种因素。

第三节　德国"双元制"职业教育培训市场
突破现实困境的出路

德国担任欧盟理事会主席期间于 2020 年 11 月 30 日通过了《奥斯纳布吕克

---

① Eurostat. Glossar: Internationale Standardklassifikation für das Bildungswesen (ISCED). [EB/OL] (2021. 06. 30)[2022. 1. 15] https://ec. europa. eu/eurostat/statisticsexplained/index. php? title = Glossary: International_standard_classification_of_education(ISCED)/de. e/themen/rechtsanspruch-fuer-unter-dreijaehrige-413834.

② Buch T, Hamann S, Niebuhr A, et al. Arbeitsmarkteffekte der Corona-Krise Sind Berufsgruppen mit niedrigen Einkommen besonder Bundesministerium für Bildung und Forschung (BMBF). Berufsbildungsbericht 2021. [R] Bonn: Bundesministerium für Bildung und Forschung, 2021s betroffen? [J]. Wirtschaftsdienst, 2021,101(1):14 - 17.

宣言》(*Osnabrücker Erklärung*)，①该宣言旨在通过使职业培训适应数字和生态变化，以实现更高层次的职业培训。培训市场的萎缩说明目前"双元制"职业教育遭遇危机，因此政府立即出台疫情期间的整体应急措施，并通过一系列手段使"双元制"职业教育重新焕发活力。

一、加强法律和投资保障：职业教育可持续发展的应急措施

终身学习是继续教育的基础，也是可持续发展教育的目标之一。职业教育就是不断给学习者开辟新的教育机会和就业机会，使他们能够参与到可持续发展的日常生活改造与社会可持续发展建设中。面对疫情影响，联邦政府第一时间采取相应的应急措施，通过支持继续教育为求职者个人可持续发展能力创造条件。

首先，德国政府通过颁布《明日工作法》(*Arbeit von morgen Gesetz*)和配套的《培训名额保障计划》(*Ausbildungsplätze sichern*)，以法制建设保障继续教育发展，为低技能者提供与职业资格有关的继续教育和培训资金，从而提高他们的就业能力。培训名额保障计划作为疫情期间刺激经济的一部分，于2020年6月开始实施。该计划由政府出资5亿欧元，用以增加为年轻人提供的培训名额或保障继续开展已经开始的职业培训。随着疫情发展态势日益严峻，2021年3月17日，德国政府决定将该计划的保障时间延长到2022年②。

其次，德国政府还提供面向25岁以下成功完成职业培训的年轻专业人士的继续教育培训补助金(Weiterbildungsstipendium)，该奖学金支持表现出色的年轻专业人士获得进一步的专业资格(比如资助其参加进一步的技术培训或者跨学科的培训，预备课程的学习，专业晋升考试等)并发现新的职业机会，包括自谋职业，③在此基础上，德国政府通过《国家继续教育战略》(*Nationale Weiterbildungs Strategie*)加深不同部门之间的合作，丰富各部门的合作形式，

① Bund-Länder-Kommission für Bildungsplanung und Forschungsförderung (BLK). Bildung für eine nachhaltige Entwicklung. [M] Bonn. Bund-Länder-Kommission für Bildungsplanung und Forschungsförderung (BLK) Geschäftsstelle. 1998:10.

② Bundesministerium für Bildung und Forschung (BMBF). Berufsbildungsbericht 2021. [R] Bonn: Bundesministerium für Bildung und Forschung, 2021.

③ Bundesministerium für Bildung und Forschung (BMBF). Berufsbildungsbericht 2021. [R] Bonn: Bundesministerium für Bildung und Forschung, 2021.

为德国在疫情期间的变革提供保障。①

最后，为了提高移民的个人可持续发展能力，德国在疫情期间颁布了《技术工人移民法》(*Fachkräfteeinwanderungsgesetz*)放宽第三国技术工人的劳动力市场准入，并且通过"资格整合"(Integration durch Qualifizierung)计划提高对外国专业资格的承认度。②《技术工人移民法》为受过合格职业培训的技术工人留在德国提供了更多便利：如果该技术工人有德国认可的技术资格证，就可以获得就业居留证；并且凭借技术资格证在德国找工作或培训地点的期限最长可达到 6 个月。通过以上的一系列应急措施保障了德国职业教育在疫情期间的平稳发展。

二、扩大"双元制"职业教育宣传：增强对青年人的吸引力

针对"双元制"职业教育对青年人吸引力下降的问题，德国政府主要通过加强对年轻人的就业指导措施和扩大宣传活动来缓解，通过设立相关机构负责引导青年树立正确择业观，提升参与培训者与培训名额之间的匹配度。比如青年就业机构(Jugendberufsagenturen)就是为推进就业中心、青年福利局与就业机构在跨辖区的密切合作，更好地帮助处于从学校到工作的过渡期的年轻人而建立的。③ 青年就业机构借助一系列职业指导措施，如联邦劳动局的支持服务、联邦政府的职业指导计划、加强文法学校的职业指导和针对难民的指导等帮助年轻人在进入工作生活之前进行职业定位。联邦劳动局从 2020 年起扩大在职业学校的指导服务，通过在职业培训中的全过程陪伴，稳定培训关系。青年就业机构和联邦劳动局的职业指导措施使得年轻人更容易看到工作领域的各种选择，并在职业和社会参与方面获得更有针对性的支持。

此外，为了提高年轻人对"双元制"职业教育和培训途径的热情，德国政府还

① Bundesministerium für Bildung und Forschung (BMBF). Berufsbildungsbericht 2021. ［R］Bonn: Bundesministerium für Bildung und Forschung, 2021.
② Bundesministerium für Bildung und Forschung (BMBF). Berufsbildungsbericht 2021. ［R］Bonn: Bundesministerium für Bildung und Forschung, 2021.
③ Bundesministerium für Bildung und Forschung (BMBF). Berufsbildungsbericht 2021. ［R］Bonn: Bundesministerium für Bildung und Forschung, 2021.

启动了一系列宣传活动。比如,2020 年 8 月德国启动了覆盖面广泛的"双元制职业教育信息宣传运动"(Informationskampagne Die Duale),该活动强调双元制职业培训的多样化及良好的职业前景,并提供了关于修订后的《职业培训法》相关信息,①从而进一步增强了"双元制"职业培训对公众的吸引力。此外,2016年启动的"打破偏见"(Initiative Klischeefrei)倡议,②帮助年轻人不受性别定型观念的影响,从而找到适合他们个人优势和兴趣的职业。"完美人员配置计划"(Passgenaue Besetzung)(2015 至 2023 年),则着眼于解决供需不匹配的问题,支持手工业商会和工商会、自由职业者商会和其他商业组织的顾问去帮助中小型企业选拔合适的年轻人以填补其空缺的培训名额。③ 顾问们参与从分析企业的培训需求到选拔面试和招聘测试等全过程,通过一系列职业规划指导措施和宣传活动提升学生对于"双元制"职业培训的兴趣。

三、调动中小企业积极性:激发"双元制"培训市场的活力

针对小微企业参与"双元制"培训热情下降的问题,德国政府采取一系列措施调动小微企业积极性。为鼓励小微企业在疫情期间也能承担更多职业教育培训责任,联邦政府自 2014 年开始实施"职业开始＋"(JOBSTARTER plus)项目,④意在通过提升小微企业数字化能力进而增强小微企业在疫情期间的生存能力。同时,为了推进中小企业数字化转型,培养合格的高素质数字化人员,该项目还通过提供资金和相关培训等方式来帮助小微企业进行转型。一方面,对现有工作人员进行进一步培训,另一方面,调整培训内容并有条不紊地进行教学培训,以便受训人员能够发展必要技能。"职业开始＋"(JOBSTARTER plus)项目实施过程中,政府发现超过 3 年的长期项目更有利于将其成功经验和体系转移到其他领域或行业中去。因此,2021 年 7 月和 2022 年 1 月,联邦政府支持

---

① Bundesministerium für Bildung und Forschung(BMBF). Berufsbildungsbericht 2021. [R] Bonn: Bundesministerium für Bildung und Forschung, 2021.

② Bundesministerium für Bildung und Forschung(BMBF). Berufsbildungsbericht 2021. [R] Bonn: Bundesministerium für Bildung und Forschung, 2021.

③ Bundesministerium für Bildung und Forschung(BMBF). Berufsbildungsbericht 2021. [R] Bonn: Bundesministerium für Bildung und Forschung, 2021.

④ Bundesministerium für Bildung und Forschung(BMBF). Berufsbildungsbericht 2020. [R] Bonn: Bundesministerium für Bildung und Forschung, 2020.

11个新的"职业开始＋"(JOBSTARTER plus)长期项目[①]，重点支持小微企业解决"双元制"招生和培训中的数字化问题，其实施成效证明小微企业在提高数字化技术方面有很大潜力。

为了进一步提升中小企业的培训业绩，推进小微企业技术工人培训的现代化，联邦政府正在投资适用于特定专业的推进数字化水平的项目"职业教育数字化加速计划"(Sonderprogramm zur Beschleunigung von Digitalisierung in überbetrieblichen Berufsbildungsstätten，简称ÜBS计划)。[②] 当下，数字化正在渗透并改变"双元制"的培训内容和目标：面包师用3D打印机烘烤蛋糕，农民使用传感器监控动物，机电一体化工程师越来越多地使用计算机模拟。然而，这给许多中小企业带来了重大挑战，因为他们往往缺乏塑造数字化变革和利用数字化优势的资源。ÜBS计划正是着眼于在这方面为中小企业提供支持，通过实践课程、现代培训等方式补充企业内部培训、传授数字技能，以此提升"双元制"培训的吸引力。[③]

四、改革学校职业教育课程：倒逼"双元制"职业教育发展

"双元制"职业教育与学校职业教育相辅相成，共同构成德国职业教育培训体系。面对"双元制"职业教育培训市场早已出现的萎缩趋势，德国政府希望通过卫生教育社会领域的学校职业教育改革进一步倒逼双元制职业教育的发展。疫情的突然暴发推动学校职业教育，尤其是以卫生教育社会领域为代表的学校职业教育迅速发展。因此德国政府加快步伐，对其进行了一系列的课程改革。

为满足疫情对社会职业(GES-Berufe)的需求，联邦政府对其进行了一些改革。第一，在卫生领域进行改革，比较有代表性的是护理行业和麻醉行业的改

① Bundesministerium für Bildung und Forschung. JOBSTARTER plus-das Programm zur Stärkung der beruflichen Bildung-BMBF. [EB/OL] (2022.02.2)[2022.3.20] https://www.bmbf.de/bmbf/de/bildung/berufliche-bildung/foerderinitiativen-und-program-ur-staerkung-der-berufsbildung/jobstarter-plus-das-programm-z-erkung-der-beruflichen-bildung/jobstarter-plus-das-programm-z-erkung-der-beruflichen-bildung.html.

② Bundesministerium für Bildung und Forschung (BMBF). Berufsbildungsbericht 2020. [R] Bonn: Bundesministerium für Bildung und Forschung, 2020.

③ Bundesinstitut für Berufsbildung. Die überbetriebliche Ausbildung modernisieren—das Sonder-progr-amm zur Digitalisierung in überbetrieblichen Berufsbildungsstätten. [EB/OL]. (2022 - 3 - 23) [2022.3.23] https://www.bibb.de/de/36913.php#.

革。2020 年 1 月 1 日起,德国开始新的护理培训。以前单独规定的老年护理、健康护理、儿童护理培训课程现已合并为一个普通护理培训课程,这进一步扩大了受训者的选择范围和发展机会。同时,受训者也可以选择参加某一方面的深度培训,进一步增强自己的专业能力。随着 2019 年 12 月 14 日《麻醉技术员和手术技术员助理法》和 2020 年 11 月 4 日的《麻醉技术员和手术技术员培训考试条例》的出台,这两个培训行业首次制定全国统一的法规。[①] 其目的是在麻醉技术和外科技术护理领域建立现代的、以病人为导向的高质量培训。第二,在教育社会领域改革。教育工作领域自 2019 年就开始实施"吸引青年人才,留住专业人员"(Fachkräfteoffensive Erzieherinnen und Erzieher)计划。[②] 该计划支持儿童日托机构招聘专家教师,并通过带薪实践培训,以及晋升和提高奖金等改善职业前景的承诺来留住有经验的教育者。

通过卫生、教育社会领域的改革,完善了除双元制之外的职业教育形式,也为德国后疫情时代经济复苏提供了基础。面对"双元制"培训中初学者减少的问题,德国政府还建立了"教育和培训联盟"(Allianz für Aus- und Weiterbildung, AFAW),该联盟致力于进一步加强职业教育与培训的吸引力、质量和绩效以及综合实力。该联盟目前承担了多项任务,具体包括:让更多的年轻人找到企业内的培训位置,让更多的企业能够填补他们的培训位置;加强职业教育和培训,用现代化的培训机会和更好的职业道路作为学术教育的平等替代;专门应对数字化给"双元制"职业教育带来的结构性挑战以及培训市场新增加的与疫情有关的挑战。

五、提升职业教育数字化水平:为学生提供多种出路

为缓解产业革命对"双元制"职业教育市场的冲击,联邦政府期望通过提升职业教育数字化水平,为学生提供多种出路。为培养更高层次的职业技术人才,实现职业教育技术创新,德国政府提出应加强职业培训和学术道路相融合。近年来人们发现,综合性大学和应用科技大学培养出来的学生由于更加符合德国

[①] Bundesministerium für Bildung und Forschung (BMBF). Berufsbildungsbericht 2020. [R] Bonn: Bundesministerium für Bildung und Forschung, 2020.

[②] Bundesministerium für Bildung und Forschung (BMBF). Berufsbildungsbericht 2020. [R] Bonn: Bundesministerium für Bildung und Forschung, 2020.

经济转型和产业升级的需要而受到青睐，"双元制"职业教育培养的学生则因认知技能等能力的欠缺丧失了大量培训场所和学徒岗位。因此，德国联邦职业教育研究所主持了一个由联邦政府教育研究部资助的名为"纳入职业能力进入大学就读（ANKOM）"计划，意在为具备专业资格者打开进入大学就读的道路。该计划通过在部分应用科学大学和综合性大学引入双元学习模式，提供双元课程。在这种模式下，毕业生也能够拿到学位证和专业资格认证。① 初始培训的双学位课程主要集中在经济学、工程和 IT 领域，后续将增加更多社会事务、教育、卫生和保健领域的课程。通过这一计划将建立起一种将科学理论知识的传授与获得实际专业技能相结合的教育形式。德国联邦职业教育研究所基于 *Training Plus* 数据库的分析结果发现，近年来，这种模式的课程获得了越来越多的认可。② 劳动力市场和职业研究所对整合实践课程的一项研究表明，这些课程更有利于学生未来的职业生涯发展。

此外，德国政府还通过数字化手段，提高市场上已有求职者和岗位的匹配率。首先是利用信息技术为劳动市场上的求职者建立起一套求职资格评估审查系统，帮助求职者找到更适合的岗位和出路。该系统名为"ValiKom 能力评估认证中心"（ValiKom-Transfer），专为通过非正式情境已获得专业相关技能但无法通过专业资格证明的人而设立。③ 他们可以申请通过 ValiKom 能力评估认证来证明自己的专业能力，如果通过认证，则会给他们颁发相应的资格证书，帮助他们在德国劳动力市场上找到更好的工作。其次是将创新竞赛"INVITE"（Innovationswettbewerb）嵌入到国家创新计划和联邦教育与研究部（Bundesministerium für Bildung und Forschung, BMBF）的数字战略中。该竞赛旨在开发创新的解决方案，利用人工智能技术，使所有人能够通过适当的平台按需找到适合自己的继续教育。

上述数字化举措既使得职业教育与普通教育渗透率提升，进一步打通职业

---

① Bundesministerium für Bildung und Forschung. Berufliche Bildung attraktiver machen. ［EB/OL］(2014.04)［2022.3.15］https://www.bmbf.de/bmbf/shareddocs/pressemitteilungen/de/berufliche-bildung-attraktiver-machen.html.

② Bundesministerium für Bildung und Forschung (BMBF). Berufsbildungsbericht 2021. ［R］Bonn: Bundesministerium für Bildung und Forschung, 2021.

③ Bundesministerium für Bildung und Forschung (BMBF). Berufsbildungsbericht 2021. ［R］Bonn: Bundesministerium für Bildung und Forschung, 2021.

教育的上升渠道,为选择"双元制"职业教育培训的人提供了更多出路,又为劳动力市场上已有的求职者提供了更多的可能性,促进了个体与社会的可持续发展。

第四节 对我国后疫情时代职业技术教育发展的启示

职业教育是与普通教育具有同等重要地位的教育类型,是国民教育体系和人力资源开发的重要组成部分,是培养多样化人才、传承技术技能、促进就业创业的重要途径。为了在后疫情时代稳步实现推动职业教育高质量发展的目标,我国可以适当借鉴德国政府处理疫情下"双元制"培训体系危机的经验。

我国正处在推动现代职业教育高质量发展的重要阶段,第十三届全国人民代表大会常务委员会于 2022 年 4 月 20 日修订了《中华人民共和国职业教育法》,最新职业教育法明确职业教育与普通教育具有同等重要地位,国家鼓励发展多种层次和形式的职业教育,推进多元办学,支持社会力量广泛、平等参与职业教育;国家规定建立健全职业教育体系,深化产教融合、校企合作,完善职业教育保障制度和措施,着力提升职业教育认可度。[①] 随着我国进入新的发展阶段,产业升级和经济结构调整不断加快,各行各业对技术技能人才的需求越来越紧迫,职业教育重要地位和作用越来越凸显。虽然国家层面对职业教育越来越重视,但是公众对于"职业教育低人一等"的想法仍根深蒂固。

为解决上述问题可以从以下三方面出发。首先,提升职业教育吸引力,在加快职业教育本科化进程的同时要做好宣传,逐渐转变大众对于职业教育低人一等的看法。应充分发挥初高中学校职业指导规划的作用,帮助学生树立正确择业观,选择最适合的职业道路。其次,在职业教育培训内容上,应加强对学生数字化信息化能力的培养,使学生能够熟练使用先进机器并且不被自动化生产线所取代。还可以采取"网上订单"模式,根据企业实际需求及时调整学校培训内容,让培养方案更有针对性,避免"毕业即失业"的现象产生。最后,在职业教育培训手段上,应采用大数据和人工智能的技术对整个培养过程进行追踪。

---

① 人民网.《中华人民共和国职业教育法》[EB/OL].(2022. 04. 21)[2022. 05. 10]. http://politics. people. com. cn/n1/2022/0421/c1001-32404321. html.

第三章
面向未来的技能培训：德国
《国家继续教育战略》

    信息技术革命方兴未艾，人工智能与量子通信等新兴行业的出现推动了劳动力市场的变革。在面向未来劳动力市场中，职业继续教育因教育目的的前瞻性，教育内容紧契前沿领域，受到各个国家重视。德国素以发达的技能培训体系闻名，其职业继续教育水平位居世界前列。根据欧洲成人教育调查显示，2016年德国成人职业继续教育的参与率为48%，远超欧洲平均水平（38%）。① 德国对职业继续教育的重视可追溯至 20 世纪 70 年代，当时德国教育委员会（Deutscher Bildungsrat）正式提出"继续教育"（Weiterbildung）的概念，将其定义为"完成第一阶段教育（幼儿、义务与大学教育）后继续进行的有组织的学习"，并在《国家教育结构规划》(*Strukturplan für das Bildungswesen*)中首次将继续教育列为与学前教育、中等教育、高等教育并列的国家四大教育体系之一，② 界定了继续教育在德国教育体系中的地位。《国家教育结构规划》将继续教育分为职业性和非职业性两大领域，非职业性继续教育包括一般、政治和文化方面的继续教育，例如健康、思想、艺术教育等。职业继续教育，顾名思义是旨在促进个人职业技能提升的继续教育，是德国技能培训系统的重要一环。为帮助当前和未来的公民发展核心技能以适应不断变化的工作环境，德国联邦和州一

---

① Bundesinstitut für Berufsbildung. Datenreport zum Berufsbildungsbericht 2017: Informationen und Analysen zur Entwicklung der beruflichen Bildung [R]. Bonn: Bundesinstitut für Berufsbildung, 2017.

② Baumert, J. Strukturplan für das Bildungswesen [Z]. Stuttgart: Deutscher Bildungsrat, 1970:197.

级政府协同社会工商会、联邦就业局（Bundesagentur für Arbeit, BA）、联邦就业和社会事务部（Bundesministerium für Arbeit und Soziales, BMAS）和联邦教育与研究部于 2019 年共同制定并发布了《国家继续教育战略》（*Nationale Weiterbildungsstrategie*），重点在于改革当前技能培训体系，构建面向未来工作环境的职业继续教育。

第一节　德国《国家继续教育战略》的背景

一、外部需求：变革背景下劳动力市场面临新困境

1. 自动化生产与数字化经济催生职业危机

科学技术持续创新是促进劳动力市场结构发生变化的重要因素，现代人工智能与工业机器人等革新技术的出现使得劳动力市场中以前由人类完成的任务越来越多地交给了机器，改变了现有工作的类型和执行方式。高度自动化的生产模式使得越来越多的工人能够在工作中专注于更有创造性、更具生产力和安全度更高的任务，但同时也使得一些具有单一重复性质的工作变得多余。由此，一些机械性的制造业岗位将面临消亡的风险，而从事这些行业的现有工人将陷入失业的窘境。德国就业研究所（Institut für Arbeitsmarkt- und Berufsforschung, IAB）的一项研究表明，德国有 25％ 的工作岗位处于被自动化生产影响的高风险之中，这些岗位中超过 70％ 的工作任务已经可以由计算机或计算机控制的机器完成。[①] 世界经济与合作组织 2018 年的调查同样显示，德国有近 36％ 的工作可能因自动化生产而发生重大变动。[②] 伴随大量旧岗位被淘汰，数字化经济的出现也会催生出新的职业。据联邦就业和社会事务部预测，受数字化经济影响，2025 年德国将会产生 210 万个新的工作岗位，同时现有的 130 万个工

---

① Dengler, K., & Matthes, B. Substituierbarkeitspotenziale von Berufen: Wenige Berufsbilder halten mit der Digitalisierung Schritt [R]. Nürnberg: IAB-Kurzbericht, 2018:11.

② OECD. Automation, skills use and training [EB/OL]. (2018 - 03 - 08) [2021 - 07 - 01] https://www. oecd-ilibrary. org/docserver/2e2f4eea-en. pdf? expires = 1625364411&id = id&accname = guest&checksum=8F0FEB922E7653D9F264C5D3709C1B9D.

作岗位将被淘汰。^① 如何帮助德国公民在数字化经济背景下完成从现有工作到未来新工作的转型，是政策制定者面临的主要挑战。在这一过程中，职业继续教育作为发展公民技能的重要手段将发挥独特的优势。无论是低技能工人还是熟练水平的技工，在面对不断变化的工作环境时，只有不断学习新的技术知识、丰富自身技能储备，才能更好地应对未来就业环境所带来的挑战。由此可见，接受继续职业教育是低技能工人摆脱困境，高技能人才走向革新的现实需要。

2. 人口结构和行业格局变化诱发劳动力短缺

近年来，尽管出生率和净移民人数都有增加，但德国仍然面临着劳动力短缺的困境，近一半德国企业难以招聘到所需员工。^② 人口结构失衡是导致德国劳动力短缺的主要诱因。德国人口老龄化问题非常严重，劳动年龄人口数量正在萎缩。数据显示，在未来的十年里，德国 15～64 岁人口数量将减少 400 万，相当于工作年龄人口的 7%。^③ 人口老龄化会阻碍经济的发展，由于年龄较小的工人群体正在逐步取代即将退休的群体，劳动力市场将会出现技能匹配矛盾，熟练技工的缺口预计会增大，从而限制国家经济增长的潜力。^④ 除适龄劳动人口数量存在缺口外，高质量人才的匮乏也同样是德国劳动力短缺的表现。科技革新速度日益迅猛，技术、设备、产品更新的周期大大缩短，新兴企业大量涌现，高技能人才成为劳动力市场的紧缺资源。德国每 10 个短缺职业中就有超过 7 个是高技能职业，是全球高技能职业短缺比例最高的国家之一。^⑤ 联邦就业和社会事务部 2019 年对德国熟练劳动力进行监测，发现在信息、通讯和技术领域、医疗保健行业以及与机电一体化和自动化技术相关的职业中，高级技术人才短缺最为

① Bundesministerium für Arbeit und Soziales. "Wir müssen hier dringend etwas tun" [EB/OL]. (2018 - 03 - 08)[2021 - 06 - 25] https://www.bmas.de/DE/Service/Presse/Interviews/2019/2019-06-12-handelsblatt.html.

② Bundesagentur für Arbeit. Fachkräfteengpassanalyse [EB/OL]. (2019 - 06 - 15)[2021 - 06 - 23]. https://statistik.arbeitsagentur.de/Statistikdaten/Detail/201906/arbeitsmarktberichte/fk-engpassanalyse/fk-engpassanalyse-d-0-201906-pdf.pdf?__blob=publicationFile.

③ Statistisches Bundesamt. Annahmen und Ergebnisse der 14. koordinierten Bevölkerungsvorausberechnung [R]. Wiesbaden: Statistisches Bundesamt, 2019.

④ Bundesministerium für Wirtschaft und Energie. Herbstprojektion 2020. Nach schneller Erholung setzt sich der Aufholprozess [EB/OL]. (2020 - 10 - 30)[2021 - 07 - 02] https://www.bmwi.de/Redaktion/DE/Publikationen/Schlaglichter-der-Wirtschaftspolitik/schlaglichter-der-wirtschaftspolitik-11-2020.pdf?__blob=publicationFile&v=36.

⑤ OECD. Continuing education and training in Germany [R]. Paris: OECD Publishing, 2021:15.

明显。① 如何弥合这些高技能岗位的空缺，培养更多的高技能人才是当前亟待解决的问题，而进行职业继续教育是培养优质人才，填补岗位空缺的需要。

二、内生指向：德国继续职业教育系统呼唤新变革

1. 多元化的供给与去中心化的治理遭遇瓶颈

德国是高度重视地方文化主权的联邦制国家，权力下放与多元主义的特征同样也反映在德国继续教育的提供与治理方面。在德国，大约有1.8万家继续教育机构，其中大部分是职业继续教育机构，所提供的教育主要分为以下四类：为没有接受过职业教育的成人提供第二次职业教育机会的补足教育（Nachholen des Berufsabschlusses）；针对拥有职业教育学位，但因已有技能组合过而不能再从事原来职业的成人进行的转行教育（Umschulung）；由于科技发展等，工作岗位对在岗工人提出新要求而进行的适应性职业继续教育（Anpassungsfortbildung）；针对成熟技工，以提升个人职业能力，推动其职业发展为目的的高级培训（höherqualifizierende Berufsbildung）。私立机构、成人教育中心以及由工商会、教会、基金会经营的培训机构都是上述职业继续教育的提供者，不同的群体可根据需要选择不同方式的职业继续教育。② 在监管层面，德国职业继续教育呈现出去中心化的管理方式。德国16个联邦州通过常设部长会议（Fachministerkonferenzen）管理职业继续教育领域的活动，这些会议没有立法权，会议的决定和协议成为各州后续职业继续教育政策框架。③ 工会和商业贸易协会也会参与职业继续教育的治理，比如在政府立法过程中提供意见和反馈。这种多元化的供给与去中心化的治理格局既拥有优势，灵活满足个人、不同企业或地区劳动力市场的不同需求，又存在一定管理方面的劣势，即如此复杂的系统在运行过程中伴随着更多协调与合作的需求。对公众来说，往往也很难在如此庞大且复杂的职业继续教育网络中抉择出适合自己的职业培训，且具有

---

① Bundesministerium für Arbeit und Soziales. Fachkräftemonitoring Aktualisierte Projektion zur Entwicklung des Arbeitsmarktes [EB/OL]. (2021-01-25)[2021-07-01] https://www.bmas.de/DE/Arbeit/Fachkraeftesicherung-und-Integration/Fachkraeftemonitoring/fachkraeftemonitoring-art.html.

② Bundesinstitut für Berufsbildung. Datenreport zum Berufsbildungsbericht 2020 [EB/OL]. (2020-05-06)[2021-06-20] https://www.bibb.de/dokumente/pdf/bibb_datenreport_2020.pdf.

③ OECD. Continuing education and training in Germany [R]. Paris: OECD Publishing, 2021:35.

移民背景或者缺乏读写能力的弱势群体因语言障碍尤其难以驾驭这个系统。

2. 非正式情景下获得技能的认证体系尚需完善

职业资格证书在德国劳动力市场上具有重要作用，被称为进入职场的钥匙。但 2019 年的一项调查显示，德国有 200 多万 20～34 岁的公民没有职业资格证书。[①] 虽然，很大一部分低技能工人已经获得了与自己职业相关的一些能力，但是他们在先前的工作中或社会活动中习得的技能并没有被记录下来。德国联邦教育与研究部在 2015 年启动了 Valikom 项目，旨在评估和记录无职业资格证书的成年人（＞25 岁）在非正式情景下获得的职业技能。接受评估的公众在达到相应标准之后可以获得相应工商会颁发的证明书，表示行业对被评估者所持有职业技能的认可，但证明书并不等同于职业资格证书本身，且无法律效益。因此，自 2015 年开始到 2020 年 9 月，通过该项目进行技能认证的公众仅有 595 人。[②] 此外，德国还开发了其他非正式技能的认证工具，但大都是基于项目而开发，只能在有限的时间内进行推广和使用。目前为止，德国还没有一个全面或连贯的系统来验证公众在非正式情境下获得的技能，针对此方面的认证体系仍有待完善，[③]如何开发让这些能力显现出来且被认可的新验证程序变得尤为关键。对个人而言，完善对非正式情境下获得技能的验证可以作为公民进一步培训与教育的基础；对整个劳动力市场而言，完善对技能的认证可以提高整个技能体系的可见度，促进技能供需之间的匹配。

第二节　德国《国家继续教育战略》的目标指向

《国家继续教育战略》（本章以下简称《战略》）是德国历史上第一个国家培训战略，其总体目标是在德国建立一种新的继续教育文化：将继续教育当作未来生

---

① Bundesinstitut für Berufsbildung. Datenreport zum Berufsbildungsbericht 2019 ［R］. Bonn: Bundesinstitut für Berufsbildung, 2019.

② Deutscher Bundestag. Enquete-Kommission Berufliche Bildung in der digitalin Arbeitswelt. Wortprotokoll der 16. Sitzung ［EB/OL］. （2020 - 01 - 13）［2021 - 06 - 21］ https://www. bundestag. de/resource/blob/697072/449ed7bcfa2fa47700b53e955ba29e35/Wort protokoll-data. pdf.

③ Bundesministerium für Arbeit und Soziales et al. Nationale Weiterbildungsstrategie ［Z］. Berlin: Bundesministerium für Arbeit und Soziales, 2019:3.

活的一个自然组成部分，使所有公民都能够进一步发展自身潜能、更新技能配备，更好地应对不断变化的工作世界。① 《战略》强调通过建立文化优势以提高德国在国际竞争舞台中的地位，依靠强健的继续教育体系实现国家进一步的经济增长与繁荣。② 除规划总体目标，《战略》针对变革背景下的劳动力市场和德国职业继续教育系统内部存在的问题提出改革具体任务：

第一，为呼应外部变革的需求，《战略》指出要扩大职业继续教育的参与度，鼓励公众接受职业继续教育，丰富技能知识以回应科技发展带来的市场新需求。政府层面要加大对继续教育的支持，提供更多额外的激励措施，联邦政府在未来两年内将投入 3.5 亿欧元资金以促进个人参与职业继续教育。③ 此外，要提升职业继续教育的总体质量，将科技元素融入教育全过程。在教育起始点，应优化全国范围内的继续教育统计，及时更新行业调查以便更好地预测未来所需技能；在培训过程中，结合科技产品开发高质量的培训课程，发展每一个公民的潜力。

第二，为弥合内部体制的障碍，针对多元化的供给，《战略》强调要提高职业继续教育指导的清晰度。德国继续教育的供给方与产品的多样性有利于满足个人和地区劳动力市场的不同需求，但当群众面对繁多的继续教育产品时，找到适合自己的继续教育机会和资助机会就会变得费时而繁琐。因此，《战略》的首要目的是简化职业继续教育的运行结构、完善指导网络，以便个人能够有针对性地浏览继续教育市场，快速找到适切的培训机会。④ 另外，针对技能认证体系的空缺，《战略》提出要加强技能认证工具的开发，在全国范围内建立标准化的程序，以记录、评估和认证非正式情景下获得的职业能力。⑤

---

① Bundesministeriums für Bildung und Forschung. Nationale Weiterbildungsstrategie beschlossen-gemeinsam für eine neue Weiterbildungskultur [EB/OL]. (2019 – 12 – 06)[2021 – 06 – 22]. https://www.bmbf.de/de/nationale-weiterbildungsstrategie-beschlossen-gemeinsam-fuer-eine-neue-8860.html.

② Bundesministerium für Arbeit und Soziales et al. Nationale Weiterbildungsstrategie [Z]. Berlin: Bundesministerium für Arbeit und Soziales, 2019:6.

③ Bundesministerium für Arbeit und Soziales et al. Nationale Weiterbildungsstrategie [Z]. Berlin: Bundesministerium für Arbeit und Soziales, 2019:8.

④ Bundesministerium für Arbeit und Soziales et al. Nationale Weiterbildungsstrategie [Z]. Berlin: Bundesministerium für Arbeit und Soziales, 2019:15.

⑤ Bundesministerium für Arbeit und Soziales et al. Nationale Weiterbildungsstrategie [Z]. Berlin: Bundesministerium für Arbeit und Soziales, 2019:16.

第三节 《国家继续教育战略》指导下的德国职业
继续教育改革举措

一、完善法律法规，加强政府引导激励

缺乏资金和时间是阻碍民众参与职业继续教育的主要原因。为此，联邦政府设立一系列法律法规为公民弥合资金与时间缺口，从多个层面消除参与进一步培训的障碍，为德国职业继续教育的发展提供了坚实的法规支撑。

为消除资金缺口，政府出台系列性法律法规为求职者、雇员、雇主提供资金补助，激励公民参与职业继续教育。联邦就业和社会事务部出台的《资格机会法》(*Qualifizierungschancengesetz*)于 2019 年 1 月正式生效。此法律主要有以下两方面目的：一是扩大公民获取职业继续教育与培训的机会。法律规定，如若员工因数字化变革而需要进一步培训，则无论其资历、年龄和公司规模如何，员工通常都可以获得继续教育与培训资金。二是为失业人员提供保障。法律放宽了失业补助金的申请要求且将失业保险缴费率依法降低 0.4 个百分点，减轻了失业人员的负担并使失业救济金的获取更加便捷。① 2020 年 5 月生效的《明日工作法》则进一步扩大了资助的力度，并放宽给予资助的限制。法律规定如果公司中至少有 20% 的员工需要进一步培训，则无论公司规模大小，联邦就业局对继续教育课程费用和工资的补贴都会增加 10 个百分点。鉴于大部分中小型企业(内含 10～250 名员工)往往没有设立人力资源部门，难以承担或是组织员工进一步培训，《明日工作法》加大了对中小企业的支持。法律规定对于中小企业，若公司中需要培训的员工数量占至 10%，即可申请补贴。② 同年生效的《晋升培训促进法》(*Aufstiegsfortbildungsförderungsgesetz*)是联邦教育与研究部与联

---

① Bundesministerium für Arbeit und Soziales. Qualifizierungschancengesetz [EB/OL]. (2018 - 12 - 18) [2021 - 07 - 01] https://www.bmas.de/DE/Service/Gesetze-und-Gesetzesvorhaben/qualifizierungs-chancengesetz.html.

② Bundesministerium für Arbeit und Soziales. Arbeit-von-morgen-Gesetz [EB/OL]. (2020 - 05 - 20) [2021 - 06 - 20] https://www.bmas.de/DE/Service/Gesetze-und-Gesetzesvorhaben/arbeit-von-mor-gen-gesetz.html.

邦州协同修订的，新的法案旨在为高级职业技能培训消除财务障碍，它将根据员工获得的职业资格等级提供不同水平的资助，以期为国家培养更多高技能员工。[①]

围绕缺乏时间问题，联邦政府设定教育假(Bildungsurlaub)以保障公民的受教育时间与权力。教育假是雇员为参加公认的职业继续教育与培训活动而享有带薪休假的法定权利。德国大部分州都将教育假作为法定权利，但是这一假期却远未被利用起来。调查显示，77％的员工表示对进一步的职业培训感兴趣，但是申请休教育假的员工仅有1％～2％，原因是很多人不知道自己享有这项权利或者不知道如何申请教育假。[②]《战略》强调教育假是促进职业培训的有利工具，要将教育假落实到公民提升职业技能的道路上去。联邦各州响应号召开展了一系列宣传活动，如柏林市政府与新闻媒体界合作，于2019年专设一期电视节目向观众介绍教育假以及如何申请教育假等相关信息，鼓励公民利用教育假实现技能培养的目的。[③]

二、改善教育质量，创新职业培训内容

提供优质的职业继续教育是《战略》的目标指向，而质量保证是一项跨部门的任务，且涵盖职业继续教育的培训需求和目标、教育质量、评价体系等方面。在《战略》的引领下，德国政府主要从政策制定、课程设置、质量评估三方面提升继续教育的质量。

首先，及时更新行业调查，提升政策制定规划能力。联邦劳工和社会部部长表示，"为了判断职业继续教育和资格认证应朝向哪个方向发展，我们必须了解未来的工作会是什么形态以及需要哪些技能。"由此，联邦就业和社会事务部发起"为数字化的工作世界创建能力指南针"项目(Kompetenz-Kompass)，主要根据对公司和员工的数据分析得出特定行业的技能需求导向，以此归纳出未来劳

① Bundesministerium für Arbeit und Soziales et al. Nationale Weiterbildungsstrategie [Z]. Berlin: Bundesministerium für Arbeit und Soziales, 2019:17.
② Deutscher Gewerkschaftsbund. Bildungsurlaub: Wie beantragen? Wer hat Anspruch? Wer zahlt? [EB/OL]. (2020 - 12 - 03)[2021 - 06 - 21] https://www.dgb.de/themen/++co++fe6281e0-b9eb-11e5-a576-52540023ef1a.
③ Senatsverwaltung für Integration, Arbeit und Soziales. Bildungsurlaub [EB/OL]. (2021 - 06 - 20)[2021 - 07 - 01]. https://www.berlin.de/sen/arbeit/weiterbildung/bildungsurlaub/.

动力市场所需的新兴技能。目前其对机械工程、信息技术以及健康和社会保健行业进行了重点调查，发布了能力要求报告，为厘清未来数字化工作环境所需的必备技能结构奠定了基础。①

其次，利用先进科学技术，研发高质量培训课程。联邦教育与研究部通过"创新大赛"（Innovationswettbewerb）向公众征集促进继续职业教育发展的项目，通过评审委员的审核后，这些优秀的项目便会得到资助。大赛的目的主要有两个：一是从用户的角度出发，开发和测试新的高质量继续教育平台；二是通过引入 AI 等新兴科学技术，开发新的培训方案，实现个性化学习。

最后，在职业继续教育中引入对供应商的评估，提升职业继续教育的效果。联邦就业局引入供应商评估，对平台 KURSNET 提供的教育机会进行了评估，评价包括就业与培训机构所涉及的主要职业群体、所在地区、其他用户在接受培训后多久找到了工作以及其他用户的评分。对培训机构进行评估，为培训机构提高其继续教育的质量提供了动力，并使那些寻求继续教育的人能够比较不同机构提供的培训，从而进行更优选择，获得更好的服务。②

三、创建指导网络，健全就业公共服务体系

鉴于德国庞杂的职业继续教育网络现状以及不断变化的劳动力市场，职业继续教育系统迫切需要创建联结个人与职业继续教育的中介平台，提供高质量的咨询及指导服务帮助公民选择适切的教育与培训途径。2018 年德国成人教育调查数据显示，联邦就业局承担的咨询与指导工作比重最大，每三个接受指导的成年人中就有一个是由联邦就业局提供指导服务。③ 在《战略》颁布后，联邦就业局进一步加强继续教育和资格指导，并对已有咨询与指导平台进行整合和简化。首先，联邦就业局开展终身职业指导（Lebensbegleitende Berufsberatung）项目，创立

① Bundesministerium für Arbeit und Soziales. Forschungsprojekt Kompetenz-Kompass gestartet ［EB/OL］. （2019 － 04 － 30）［2021 － 06 － 22］ https://www. bmas. de/DE/Service/Presse/Pressemitteilungen/2019/forschungsprojekt-kompetenz-kompass-gestartet. html.

② Bundesagentur für Arbeit. Darstellung und Anzeige der Anbieterbewertung in den Serviceangeboten des Kundenportals der BA ［EB/OL］. （2019 － 03 － 18）［2021 － 06 － 20］. https://www. arbeitsagentur. de/datei/dok_ba014292. pdf.

③ Bundesministerium für Bildung und Forschung. Weiterbildungsverhalten in Deutschland 2018 Ergebnisse des Adult Education Survey-AES-Trendbericht ［R］. Bonn: Bundesministerium für Bildung und Forschung, 2019.

新的指导框架,将指导分为两个部分:一部分是针对还未进入劳动力市场的学生进行的指导(Lebensbegleitende Berufsberatung vor dem Erwerbsleben),另一部分是为已经就业的人员提供的有关职业转型的指导(Lebensbegleitende Berufsberatung im Erwerbsleben)。新的指导框架兼顾供给与需求两侧的反馈,注重从用户角度开发指导与咨询,并设置了 450 个项目顾问将企业与社会工商会的反馈整合进指导过程中,使整个指导框架变得更加明晰且具指向性。[①]　其次,联邦就业局为提高指导与咨询的质量,增设了"自我探索工具"(Check-U)。Check-U 内设心理学试题以测试用户的兴趣以及职业倾向,定位用户所拥有的技能和特征,帮助用户生成自我探索清单并向用户推荐适合的职业选项,以提升指导的精确度与质量。[②]　联邦政府、各州、工商会和教育组织将《战略》计划与提供的指导服务整合起来,形成一个全国性的高质量继续教育指导网络。最后,联邦就业局简化了现有的指导网络,将高质量课程与咨询服务信息门户整合进联邦就业局官方网站(www. arbeitsagentur. de),其中包括德国最大的继续教育在线平台 KURSNET 与电子学习课程提供商 Lernbörse,旨在将继续教育系统的指导网络数字化。联邦就业局的整合操作使想要获得继续培训的人能够通过更加便捷、高质量的咨询方式,获取接受教育的途径信息,增添了指导工作的运行透明度。

　　联邦层面通过网络化方式对指导网络进行了整改,地方层面为协调指导服务也做出了相应调整,不同的州采取了不同措施,归纳起来主要有以下两个途径:通过创立在线平台的方式提供数字化指导,将地区内的为个人或企业提供咨询服务的供应商汇集起来,配备易于使用的搜索引擎为本地公民提供指导;设置专门的咨询与指导办公室,提供面对面的指导服务。各州一般在各自重点城市设有多个这样的指导办公室,每个办公室配备一定数量的专业人员,根据本地区的需求提出适切的指导意见。[③]

①　Bundesagentur für Arbeit. Lebensbegleitende Berufsberatung-Fachliche Umsetzung der Berufsberatung im Erwerbsleben [EB/OL]. (2019 – 12 – 20)[2021 – 07 – 01] https://www. arbeitsagentur. de/datei/ba146210. pdf.

②　Bundesagentur für Arbeit. Dein Weg zu Ausbildung und Studium mit Check-U [EB/OL]. (2021 – 07 – 01)[2021 – 07 – 01] https://www. arbeitsagentur. de/bildung/welche-ausbildung-welches-studium-passt.

③　OECD. Continuing education and training in Germany [R]. Paris: OECD Publishing, 2021:65.

四、加强技能认证，推进教育与评价有机衔接

《战略》强调要加强对公民技能的认证，提高个人技能可视化程度。文件发布之后，德国相关部门对已有认证工具进行进一步完善并补充了新兴行业所需的技能，供不同群体使用。"我的技能"（My Skills）计算机辅助测试工具由联邦就业局开发，是德国首个基于视频和图像的技能认证程序，它主要为无职业资格证书的求职者提供有针对性的技能认证，涵盖 6 种语言，可用于 30 个特定职业。求职者需要进行 4 小时的计算机试题测试，在这之后会获得不同职业领域的标准化测试结果，以达到鉴别已有技能的目的。①

对个人技能进行认证后，公众还需要将认证的结果转化为对其教育结果的评价，即具有法律效益的资格证书。由于获取专业职业资格证书需要耗费大量时间和金钱，部分资格证书（Teilqualifikationen）开始在德国职业继续教育体系里流行起来。部分资格证书有别于需要通过外部考试的专业资格证书，是受教育者通过教育或培训项目后获得的具有一定认证效益的资格证书。获得部分资格证书的公众可以由此实现职业技能的更新或者为他们取得专业资格证书作铺垫。《战略》倡导在全国范围内建立一个标准的程序来记录、评估和认证公民通过正式和非正式途径获得的职业技能，并将技能的认证与部分资格证书相结合。② 德国工商会在联邦教育与研究部的资助下开展了名为"抓住机会！凭借部分资质迈向专业资质"（Chancen Nutzen!）的项目，旨在为公民提供关于部分资格证书的所有相关信息，帮助公众以模块学习的方式获得部分资格证书并循序渐进地向获得专业资格证书迈进。③ 在促进部分资格证书发展的同时，联邦政府也在职业继续教育的框架内定义了部分资格的资格标准。联邦教育与研究部资助的"为 25 岁以上非熟练技工制定部分资格标准"项目（Etablierung eines Teilqualifizierungsstandards für An- und ungelernte Erwachsene über 25 unter

---

① Bundesministerium für Arbeit und Soziales et al. Nationale Weiterbildungsstrategie［Z］. Berlin: Bundesministerium für Arbeit und Soziales, 2019:17.

② Bundesministerium für Arbeit und Soziales et al. Nationale Weiterbildungsstrategie［Z］. Berlin: Bundesministerium für Arbeit und Soziales, 2019:17.

③ Deutscher Industrie- und Handelskammertag. CHANCEN NUTZEN! Mit Teilqualifikationen Richtung Berufsabschluss［EB/OL］.（2021 - 07 - 01）［2021 - 07 - 01］. https://teilqualifikation. dihk.de/de.

Praxisrelevanten und Pädagogischen Anforderungen)（以下简称 ETAPP 项目）旨在制定部分资格的统一国家标准，建立一个适用于全国的部分资格证书的结构。ETAPP 项目对部分资格证书的运行提出相应的标准，诸如一个职业可获得的部分资格证书的数量需限制在 8 个以内；不同职业部分资格认证的过程需要与各自职业的质量标准相联系等。①

第四节　德国职业继续教育改革面临的挑战

在《战略》指导下，德国的职业继续教育进行了一系列改革，并取得显著成效。联邦教育和研究部的一项调查显示，2020 年德国每两个成年人中就有一个以上接受了进一步的职业培训，这一数字较前年比有显著增长。② 但在取得上述成果的同时，仍存在不少的问题与挑战。

一、全国性法律框架的缺乏

德国职业继续教育的结构非常复杂，受到培训提供者、政策制定者和利益相关方等多方影响。德国也因此被经合组织评定为继续教育领域中治理结构最复杂的国家之一。③ 联邦和州政府、企业以及工商会共同负责继续教育并提供培训机会，同时社会经济伙伴又通过谈判影响着继续教育的标准和方向。面对如此复杂的治理系统，一些观察家指出在继续教育这个领域，德国的政策制度化程度非常低。④ 虽然战略提出应简化继续教育的治理结构，但是战略中提到的行动目标涉及不同领域，且这些行动目标在很大程度上是独立且不连贯的，德国仍然缺乏全国性的继续教育法律框架来界定相关单位的具体职责。⑤ 目前，德国

① OECD. Continuing education and training in Germany [R]. Paris: OECD Publishing, 2021:71.

② Dennis, L. Mehr als jeder zweite Erwachsene bildet sich weiter [EB/OL]. (2020 - 04 - 19)[2021 - 06 - 29]. https://www. forschung-und-wissen. de/nachrichten/oekonomie/mehr-als-jeder-zweite-erwachsene-bildet-sich-weiter-13373811.

③ OECD. Continuing education and training in Germany [R]. Paris: OECD Publishing, 2021:83.

④ Autorengruppe Bildungsberichterstattung. Bildung in Deutschland 2018: Ein indikatorengestützter Bericht mit einer Analyse zu Wirkungen und Erträgen von Bildung [R]. Berlin: Deutschen Instituts für Internationale, 2018.

⑤ OECD. Continuing education and training in Germany [R]. Paris: OECD Publishing, 2021:55.

的继续教育受到联邦和州一级的法律和其他框架的监管,这些法律和框架大都涉及职业继续教育的具体方面。总体而言,德国的职业继续教育缺乏一个总体性的框架,无法协调相关部门的工作,同样也不能规范全国继续教育的质量,监管的零散性将不利于未来职业继续教育的结构化发展。

二、继续教育系统连贯性弱

经合组织提出了理想的职业继续教育模型,即一个连贯的继续教育系统,为个人提供全面的支持,帮助他们适应劳动力市场的变化并助力他们在这一阶段的平稳过渡。首先,由指导服务帮助他们确定自身的技能发展需求,并在庞大的继续教育与培训机会环境中进行导航,为个人提供合理的发展与培训建议。其次,验证过程将个人所拥有的所有技能可视化并加以组合、规整,便于个人与企业了解其技能配备概况。最后,模块化的学习项目和部分资格证书提供灵活的学习途径。[①] 在德国,由法律确立的针对低技能劳动者的技能验证程序较少,且覆盖的人口数量较低;[②]验证其拥有技能的任务主要由部分资格证书承担,但部分资格证书的开发主要是在受资助项目中进行的,这些项目有一定的时效性且往往只针对一个职业的某块技能领域。德国的继续教育系统在培训指导、技能验证及资格认证间未能建立起系统性网络,各个部分在全国范围内缺乏一致的运行法规。

三、低技能群体参与不足

研究发现同高技能人员相比,低技能的成年人更不倾向参与职业继续培训与学习,而拥有高技能和专业资格证书的人倾向于获得更多的技能,追求更高的职业晋升,从而扩大了在初始教育结束时已经存在的差距。[③] 吸引低技能劳动者参与职业继续教育是确保他们融入社会、增加企业的创新竞争力以及保障社会经济健康发展的关键。[④] 德国就业研究所的研究显示,许多低技能的成年人

---

① OECD. Getting Skills Right: Career Guidance for Adults in a Changing World of Work [R]. Paris: OECD Publishing, 2021.

② OECD. Continuing education and training in Germany [R]. Paris: OECD Publishing, 2021:94.

③ Kilpi-Jakonen, E., Buchholz, S., Dämmrich, J., et al. Adult Learning in Modern Societies [M]. Cheltenham: Edward Elgar Publishing, 2014:13.

④ Woessmann, L. The Economic Case for Education [J]. Education Economics, 2016,24(1):3 - 32.

认为他们自己已经拥有足够的技能，进一步的学习并不会得到经济上的回报。[①] 低技能的成年人通常不会主动寻找进一步培训的机会，因此现有的咨询和指导服务无法触及他们，这是造成德国低技能人员参与继续教育比例低下的主要原因。在未来需要采取更积极的措施，比如在他们常出现的区域，例如社区、工作场所进行宣传，告知他们相关的优惠政策以及参加继续教育的重要性，促进低技能群体参与继续教育。

《战略》是德国面对数字化背景下不断变化的劳动力市场给出的一份答卷，《战略》注重个人技能和就业履历的自主塑造，强调在动态的工作环境中保持个人的就业能，提高数字转型过程中的创新和适应能力，为继续教育的发展注入了新动力。我国发展仍处于重要战略机遇期，就业总量压力不减、结构性矛盾凸显，政府提出必须把就业摆在更加突出位置。国务院办公厅《职业技能提升行动方案（2019—2021 年）》指出，"需把职业技能培训作为保持就业稳定、缓解结构性就业矛盾的关键举措，作为经济转型升级和高质量发展的重要支撑。"在宏观政策层面坚持就业优先政策，旨在强化各方面重视就业、支持就业的导向。[②] 我国主要由职业院校与企业承担职业技能培训的任务，德国职业继续教育改革的创新型理念和项目对我国实施职业继续教育具有重要意义。在职业继续教育提供层面上，借鉴德国成熟职业继续教育供给系统的经验，大力支持企业办技能培训，推动职业院校参与继续教育，鼓励社会培训机构开展工作，形成广泛的职业继续教育培训网络。在继续教育的内容层面，将诸如人工智能、云计算等新兴职业的新技能作为重点培训内容以应对数字化变革，把培养创新与适应能力等软实力作为长期培养目标以回应终身教育的倡导。在能力认证层面，加快建设国家资历框架与实行"1＋X"证书制度并举，以迎合新兴企业的需要。

---

① Osiander, C. and Stephan, G. Gerade geringqualifizierte Beschäftigte sehen bei der beruflichen Weiterbildung viele Hürden [EB/OL]. (2018 – 08 – 02) [2021 – 07 – 01]. https://www.iab-forum. de/gerade geringqualifizierte-beschaeftigte-sehen-bei-der-beruflichen-weiterbildung-viele huer-den/?pdf=8601.

② 国务院办公厅.职业技能提升行动方案(2019—2021 年)[EB/OL]. (2019 – 05 – 24)[2021 – 07 – 10] http://www.gov.cn/zhengce/content/2019-05/24/content_5394415.htm.

第四章
追求公平与效率：芬兰职业教育拨款体系的新改革

芬兰是一个高度工业化、自由化的市场经济体，国民幸福指数位居全球前列，这在很大程度上与该国经济持续发展、国民福利保障体系完善有关，同时也归功于芬兰较为发达的职业教育体系，源源不断地为社会输送优质职业人才，确保全社会拥有较高的就业率。然而，当前芬兰的职业教育正面临来自劳动力市场、学习者、职业教育机构、政府等多方面的压力。芬兰政府亟待解决劳动力市场技能危机、职位空缺数激增、失业率缓慢上升以及职业教育辍学率攀升等诸多问题。2019 年 11 月，芬兰教育与文化部（Ministry of Education and Culture）发布的《追求卓越：2030 年职业教育质量战略》（*Aiming for excellence: Quality strategy for vocational education and training 2030*）明确指出，芬兰要创建一个以能力为基础、以客户为导向、上下联动统一的职业教育系统，使职业教育资格与劳动力市场需求更好地匹配，以提高就业率，促进经济发展。[①] 职业教育拨款体系为开展职业教育提供了重要的资助制度保障，是芬兰职业教育改革中的重要一环，对缓解经济和教育压力有不可或缺的作用。本文通过对芬兰职业教育拨款体系改革的背景和改革内容进行描述性分析，探讨该国职业教育拨款体系改革的特征，以期为我国职业教育的进一步发展提供可参考的信息。

[①] Quality Strategy Group for Vocational Education and Training. Aiming for Excellence: Quality Strategy for Vocational Education and Training 2030 [R]. Finland: Ministry of Education and Culture Publishing, 2019.

第一节　芬兰职业教育拨款体系改革的背景

一、经济发展和劳动力就业市场的需要

作为北欧最富有的国家，芬兰目前人均 GDP 已突破 5 万美元，超过法国、日本、英国、德国等老牌强国，且远高于欧盟平均水平。但是受到经济全球化的影响，自 2008 年世界金融危机以来，芬兰经济长期陷入困境，再加上欧债危机、国内科技巨头诺基亚衰落和日趋严峻的人口老龄化等多方面的影响，芬兰经济增长滞缓，失业率缓慢上升。据统计，2008—2018 年间，芬兰失业率上升了 1.2%，达到 6.1%，略高于欧盟 6.0% 的平均水平。[①] 尽管数据显示，芬兰 2019 年的失业率较之前有所下降，但是劳动力市场仍然存在大量职位空缺，2019 年 11 月全国职位空缺数新增 56 600 个，比去年同期增加 6 400 个。[②] 可见，芬兰劳动力与市场需求之间存在一定脱节，而过剩的劳动力不能满足市场对职业技能的需求，导致失业人群不能较好地填补职位空缺。随着芬兰人口老龄化日益严重，未来可用劳动力的缩减可能会造成该国基于能力驱动的竞争战略遭遇瓶颈。更糟糕的是，芬兰企业在国内难以觅得合适的劳动力，越来越多的企业开始考虑未来将更多的业务外包到国外。[③]

长期以来，芬兰教育对职业者的培养与市场的需求存在较大鸿沟。例如，芬兰统计局调查显示，在低学历群体中，年轻人更容易失业；而在同龄段人群中，学历越高的人失业率越低（见图 4.1）。[④] 此外，芬兰职业教育系统的毕业生就业率在 2018 年达到了 79.8%，但与同龄段普通教育系统毕业生的就业增长速度

① European Centre for the Development of Vocational Training. Vocational Education and Training in Finland: Short Description [R]. Luxembourg: Publications Office of the European Union, 2019.

② Ministry of Economic Affairs and Employment, Finland. Decrease in Unemployed Jobseekers in November [EB/OL]. (2019 - 12 - 20) [2020 - 02 - 20]. https://valtioneuvosto.fi/en/article/-/asset_publisher/1410877/tyottomien-tyonhakijoiden-maara-vaheni-marraskuus-2.

③ European Centre for the Development of Vocational Training. Vocational Education and Training in Finland: Short Description [R]. Luxembourg: Publications Office of the European Union, 2019.

④ European Centre for the Development of Vocational Training. Vocational Education and Training in Europe: Finland [R]. Luxembourg: Publications Office of the European Union, 2019.

2.5％相比是较缓慢的，而且还略低于欧盟 80.5％ 的平均水平。[①] 可见，提高职业教育毕业生的就业率和鼓励学生继续深造，在一定程度上可以降低失业率。同时，芬兰政府报告指出 2020 年财政预算对提高生产力的关键因素——能力和创新进行投资，即投资于教育和技能培训以解决企业的劳动力短缺和不匹配等问题。[②] 芬兰政府的目标是促进教育公平、提高教育质量和公民职业技能水平，确保到 2023 年底全国就业人数至少增加 6 万。[③] 总之，芬兰政府就当前面临的种种经济问题，希望通过建立一个更有效率又兼顾公平的职业教育拨款机制来调和劳动力市场与职业教育之间的矛盾，进而为提振市场经济活力做出改革。

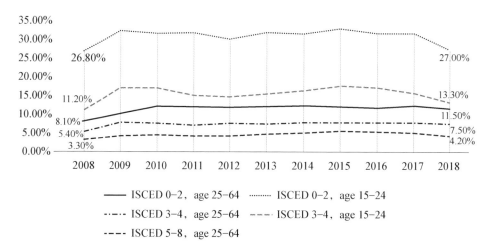

图 4.1　2008—2018 年芬兰按教育程度和年龄划分的失业率情况（ISCED 0–2：初中及以下文化水平；ISCED 3–4：高中及后义务教育阶段文化水平；ISCED 5–8：高等教育文化水平）

　　资料来源：European Centre for the Development of Vocational Training. Vocational Education and Training in Finland: Short Description [R]. Luxembourg: Publications Office of the European Union, 2019.

① European Centre for the Development of Vocational Training. Vocational Education and Training in Finland: Short Description [R]. Luxembourg: Publications Office of the European Union, 2019.

② Ministry of Finance, Finland. General Government Fiscal Plan for 2020 – 2023 [R]. Helsinki: Ministry of Finance, 2019.

③ European Centre for the Development of Vocational Training. Spotlight on VET Finland [R]. Luxembourg: Publications Office of the European Union, 2019.

二、提高职业教育质量和效率的需要

芬兰教育体系的重要特点是职业教育和普通教育具有同等地位。在完成基础教育之后，进入职业教育和普通教育系统的学生人数比例基本持平，甚至职业教育人数还要更多一些。在学习过程中，两个系统的学生可以互通课程、互认学分，学生甚至可以根据自己的学习情况、能力、兴趣爱好等调整自己的学习路径，毕业后均有升入研究型大学或应用型大学继续深造的机会。[1] 芬兰灵活开放的教育体系为职业教育的发展提供了后台保障，也为高质量技术技能型人才的培养提供了平台支撑。同时，芬兰政府不断加大对职业教育的经费投入，而且相对于其他教育类型，职业教育是芬兰政府的主要资助对象之一，仅次于基础教育和普通高等教育。尽管如此，芬兰职业教育仍面临着许多挑战。例如，2019 年欧盟统计局发布的芬兰教育报告中指出，虽然芬兰辍学率为 8.3%，低于欧盟 10.6% 的平均水平，[2] 但是芬兰职业教育的辍学率却高于普通教育，达到 11.4%，较 2013/14 年度增长了 2.8%。[3] 职业教育辍学率的增长虽然是受到多方面的影响，但在一定程度上反映了芬兰职业教育系统的低效以及无法较好地满足学生学习需求的问题。

此外，改革前的职业教育拨款体系由核心拨款（占 97%）和绩效拨款（占 3%）组成。实践表明，自 2009 年起，芬兰将绩效拨款引入职业教育拨款机制，确实激发了职业教育提供者一定的办学自主性和积极性，也对该国职业教育的质量起到了一定的提升作用。但是随着国内外经济局势变化和社会快速发展，旧拨款体系中绩效拨款的占比过小，而基于生均成本计算的核心拨款占比过大的模式，已不能适应劳动力市场的需求和芬兰职业教育更长远的可持续、高质量发展目标。此外，通过对旧职业教育拨款体系长期的实践评估发现，原有的拨款指标存在一些问题。例如，绩效拨款又分为基于工作成果和基于主题实体两类拨

① European Centre for the Development of Vocational Training. Vocational Education and Training in Europe: Finland [R]. Luxembourg: Publications Office of the European Union, 2019.

② European Centre for the Development of Vocational Training. Vocational Education and Training in Europe: Finland [R]. Luxembourg: Publications Office of the European Union, 2019.

③ European Centre for the Development of Vocational Training. Finland: Increase in IVET Early Leaving [EB/OL]. (2018 – 07 – 02)[2020 – 02 – 10]. https://www.cedefop.europa.eu/en/news-and-press/news/finland-increase-ivet-early-leaving.

款，单就基于工作成果的拨款又可细分为十几种指标，包括毕业率、就业率、升学情况、学业完成率、辍学率、教师专业资格、教师职称、投入于员工发展的资源数量指标等。[①] 拨款指标细碎繁杂、部分存在重叠，给芬兰职业教育提供者带来一定的行政工作压力。另外，原有的拨款指标中缺乏对学习者需求的反映，仅局限于评估职业教育提供者内部而忽略了外部市场对技能的需求和反馈。

为了解决上述问题，芬兰政府在研究新的职业教育拨款机制时，除重视教育投入还关注学习成果的输出，精简优化拨款指标，强调过程性与结果性评估并行，通过增加绩效本位拨款的比重和优化拨款指标，为有针对性地简化资格培训和认证程序、降低辍学率，以提高职业教育质量和效率做出努力。

第二节　芬兰职业教育拨款体系改革的内容

在改革实施之前，芬兰职业教育系统中的职业高中教育、继续教育以及学徒培训都有着不同的拨款渠道与独立配额。比如，学徒培训大部分资金支持来自政府对企业的补贴，同时学徒培训的生均成本和在校接受职业教育的生均成本是分开单列计算的，且一般学徒培训的生均成本较低。芬兰政府在 2018 年颁布的《职业教育法》(532/2017)修正案要求建立统一的职业教育拨款制度，旨在降低辍学率，鼓励职业教育提供者关注学生个性化发展，优化技能培训学时和资格认证程序，引导教育目标与劳动力市场相匹配，提升职业教育提供者的自主权和办学积极性。[②]

一、新的职业教育拨款类别

《教育和文化拨款资金法案》(532/2017)修正案明确要求为芬兰职业教育建立统一的拨款机制(包含职业高中教育和培训、职业进修和培训、学徒培训以及能够获得资格的劳动力市场培训)，并在 2022 年全面生效。截至 2019 年，芬兰职业教育提供者共有 145 家，大多数由地方政府、市培训协会、基金会、其他注册

---

① 刘其晴，周谊. 芬兰职业教育绩效本位拨款体系探析[J]. 职业技术教育，2014，35(25)：84-89.

② European Centre for the Development of Vocational Training. *Spotlight on VET Finland* [R]. Luxembourg: Publications Office of the European Union, 2019.

协会及国有企业维持,其中大约 70% 的职业教育提供者为私立机构。[①] 公立和私立职业教育提供者接受国家拨款资助的标准是统一的。资金拨款主要由中央政府(约 30%)和地方政府(约 70%)共同承担。[②]

　　新的拨款体系由应付拨款(Imputed Funding)和战略性拨款(Strategy Funding)组成。应付拨款分为核心拨款(Core Funding)和绩效拨款(Performance-based Funding),至少占总拨款额的 96%;而战略性拨款最多占 4%,每年根据国家战略政策灵活变动(见图 4.2)。在每个类别中分配给职业教育提供者的金额取决于多方面的指标和数据。芬兰政府于 2017 年颁发的《教育与文化部关于职业教育经费计算标准的法案》(*Opetus-ja kulttuuriministeriön asetusammatillisen koulutuksen rahoituksen laskentaperusteista* 682/2017)对拨款指标的计算和权重进行了规定,与 2009 年 1766 号法案相比,提高了绩效指标的综合权重和保障特殊群体的权重。[③]

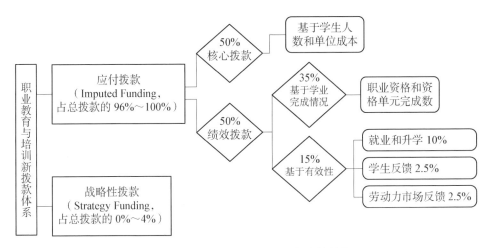

图 4.2　2022 年生效的芬兰职业教育拨款体系

① European Centre for the Development of Vocational Training. Vocational Education and Training in Finland: Short Description [R]. Luxembourg: Publications Office of the European Union, 2019.

② European Centre for the Development of Vocational Training. Vocational Education and Training in Europe: Finland [R]. Luxembourg: Publications Office of the European Union, 2019.

③ Ministry of Justice, Finland. Opetus-ja kulttuuriministeriön asetusammatillisen koulutuksen rahoituksen laskentaperusteista 682/2017 [EB/OL]. (2017 – 10 – 06)[2020 – 03 – 10]. https://www.finlex.fi/fi/laki/alkup/2017/20170682♯Lidp446074768.

1. 应付拨款

1) 核心拨款

核心拨款是根据职业教育提供者公布的学生人数和由芬兰教育文化部估算每个学生的单位成本确定，占全部拨款的50%。职业教育提供者的教育许可中明确规定了目标学生人数和最低学生人数，且最低人数不低于目标人数的90%。以高中职业教育为例，2017年每名学习者的单位成本从学徒制的6 488欧元（由企业承担大部分费用）到特殊职业教育的27 956欧元不等。[①] 芬兰政府要求，从2018年初开始，学徒培训单位成本要增加到与职业高中教育相同的水平。[②] 单位成本的提高，将有助于职业教育提供者在学习计划中增加更多学徒培训的机会。同时，如果学徒是符合教育与文化部规定的长期失业且缺乏专业技能的求职者，或身体残障、长期生病的特殊群体，在计算单位成本时赋予1.99的权重；若其为重度残疾或严重障碍的群体，则权重为4.03；若需要职业教育提供者配备私人助理，则权重为9.03。[③] 这三类特殊群体的权重较2009年的拨款指标权重有大幅提升。这些措施都是为了完善学徒制，增加学生实际工作经验，拓宽企业或市场选人、用人途径，优化人才培养结构，使职业技能培训与市场需求相匹配。

此外，政府将核心资金占比由97%调至50%，在一定程度上可以减少职业教育提供者之间为争夺生源而产生的不良竞争，让他们将关注点更多地放在提高教育质量上。核心资金拨款的主要目的在于能够保证教育公平，确保各年龄阶段、不同社会阶层、性别、种族的学生都能有平等的职业教育机会。然而，如果单纯根据学生人数来下拨资金会带来一些问题，如职业教育提供者对教育质量方面可能会较少关注，在一定程度上会影响其自身的办学效率和积极性。因此，在新的职业教育拨款体系中优化绩效拨款的占比显得至关重要。

① Ministry of Education and Culture. Financing of vocational education and training [R]. Helsinki: Ministry of Education and Culture, 2019.

② European Centre for the Development of Vocational Training. Vocational Education and Training in Europe: Finland [R]. Luxembourg: Publications Office of the European Union, 2019.

③ Ministry of Justice, Finland. Opetus-ja kulttuuriministeriön asetusammatillisen koulutuksen rahoituksen laskentaperusteista 682/2017 [EB/OL]. (2017 - 10 - 06) [2020 - 03 - 10]. https://www.finlex.fi/fi/laki/alkup/2017/20170682#Lidp446074768.

2）绩效拨款

基于学业完成情况拨款。 主要是基于学生完成的职业资格（vocational qualifications）和资格模块（qualification units）数进行拨款，占拨款总额的35％。芬兰教育与文化部会根据每个职业教育提供者的不同发展需求和目标来界定绩效指标，定期收集相关数据，并进行统计分析与评估。在改革前，这部分的拨款在总拨款中占比微乎其微，面对新形势下的职业教育，原有的拨款机制已经不能满足芬兰职业教育的发展改革目标。因此，最新改革大幅度地提升了这一部分的比例，旨在鼓励职业教育提供者通过提升教育质量和加强过程性评价，使学习者能根据设定的目标完成更多的职业资格模块，进而提高学习者的就业竞争力。除此之外，还有助于指导职业教育提供者根据市场能力需求来精简和优化职业技能以及资格认证程序，同时也有助于激励职业教育提供者为每个学生制定独一无二的个性化学习计划，建立灵活独立的学习路径，满足学生需求，加强以能力为基础的职业资格要求和模块化资格结构建设，进而有效降低职业教育系统的学生辍学率。

基于有效性拨款。 主要从学生就业率、升学率以及学生和劳动力市场的双重反馈来评估职业教育的有效性，即是否满足客户（学生和劳动力市场）需求、是否对经济发展起到积极作用。这部分的拨款额占总拨款的15％，其中重点指标是毕业生就业和升学情况（占10％），旨在将教育转向需要劳动力的地方，确保教育符合实际生活工作的需要；同时还旨在提供高素质人才教育，为学生升学做好准备。2017年芬兰国家教育局（Finnish National Agency for Education）的调查显示，71％的职业教育学生表示他们不会继续接受高等教育，这一比例远高于欧盟平均水平（60％）；相反，69％的普通教育学生则表示会继续接受高等教育，且这个比例高于欧盟平均水平（56％）。① 当然通过这些调查数据并不能全面反映出芬兰教育水平的发展状况，但是可以看出大部分职业教育学生的学习目的性很强，他们更关注眼前的实用需求；同时也反映出他们缺乏对继续深造学习的积极认识。因此，芬兰政府期望通过基于有效性拨款的激励方式来鼓励职业教育提供者为学生选择升学和继续深造做出相应的努力和帮助。此外，基于学生

---

① Finnish National Agency for Education. Cedefop Opinion Survey on Vocational Education and Training in Europe: Finland [EB/OL]. (2018 - 11 - 21) [2020 - 04 - 08]. http://libserver.cedefop.europa.eu/vetelib/2018/opinion_survey_VET_Finland_Cedefop_ReferNet.pdf.

和雇主的反馈拨款各占 2.5%。主要是通过问卷调查和数据库收集的方式从学生和雇主那里收集整理反馈意见，政府根据反馈意见做进一步的拨款。这一项拨款指标是为了鼓励职业教育提供者能够有针对性地调整和规划更高质量的教育和培训，以满足学生和劳动力市场的需求，同时也借此了解到学习者和劳动力市场的最新需求和动向，有助于政府部门适时做出决策部署和改革。

2. 战略性拨款

战略性拨款数额由芬兰议会决定，不超过总拨款的 4%。从教育政策的角度来看，战略性资金是用来支持职业教育相关的国家重要战略规划和行动的专项拨款，如国家职业教育发展项目、国际技能竞赛和推进职业教育和培训机构网络建设等。因此，战略性拨款具有很强的灵活性和动态性。芬兰议会根据当年的国家经济情况确定拨款数额。如 2018 年春季，芬兰教育与文化部向 68 家职业教育提供者提供了 3400 万欧元的战略性资助。① 根据职业教育的改革目标，大部分战略性资金被分配用于更新职业教育机构的运营文化、数字化建设等，还有部分是支持职业教育提供者之间的合并以及技能大赛的组织和参与。

芬兰新的职业教育拨款体系于 2022 年正式施行。从 2018 年开始，政府就逐步改变原来的拨款体系（核心资金占 97%、绩效资金占 3%），渐进式地过渡到最终 50%—35%—15% 的模式（见图 4.3）。同时在正式施行之前，职业教育提供者可以针对其目标学生人数和单位成本或任何可增加资金提出合理的建议，芬兰政府及相关部门会根据建议及实际情况适当对改革做出调整。

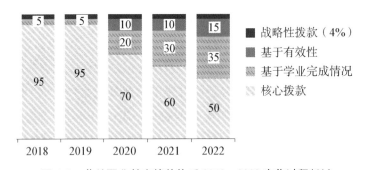

图 4.3　芬兰职业教育拨款体系 2018—2022 变化过程(%)

① European Centre for the Development of Vocational Training. Vocational Education and Training in Finland: Short Description [R]. Luxembourg: Publications Office of the European Union, 2019.

　　总的来说，芬兰职业教育新的拨款体系改革强调要求在保证公平的前提下，提高职业教育的效率。新的拨款体系中的各个类别都有其针对性的作用。核心拨款可以确保所有领域的所有人群都能够获得职业教育，推进职业教育普及化；而基于学业完成情况的拨款则旨在激励职业教育提供者提高其教育效能，充分考虑每一个学生的学习需求，提供个性化学习路径，从而缩短学生毕业时间，减少辍学率；基于有效性的拨款则意在激励职业教育提供者更加注重就业率，也为学生接受高等教育提供支持。

二、新的拨款指标保障机制

1. 数据收集库 KOSKI

　　数据收集和分析在拨款评估中占有重要地位，需要中央政府和职业教育提供者共同合作进行。芬兰在 2018 年引入了国家学习和资格集成数据库 KOSKI（Kansallisten Opiskeluoikeuksien ja Suoritusten Keskitetty Integraatiopalvelu）来收集和计算关于教育的实时综合数据，以满足公民和不同行政部门的需求。KOSKI 数据库包含有关基础教育、高中教育和职业教育的国家学习和资格信息。自 2018 年以来，基础教育、高中教育和职业教育的提供者已在 KOSKI 中存储了有关学生的成绩和学历的信息，还包括有关资格和技能要求的主要信息。KOSKI 收集记录的信息已被各权威机构使用，并且其用途正在不断扩大。例如，芬兰社会保险机构使用来自基础教育和高中教育的数据来处理学生福利、失业福利、基本收入支持、学校养老金和康复福利等社会保障问题；芬兰统计局则通过集中收集 KOSKI 的学位和学习数据来代替自己的单独数据。[①] 该数据库资料还在各种评估和监测研究中被持续使用。对 KOSKI 数据库的信息存储和传输服务的维护以及信息的发布由芬兰国家教育局负责。可见该数据库具有一定的可靠性和科学性，能够为新的职业教育拨款体系更好地服务。

　　教育与文化部要求所有职业教育提供者在数据库中存储记录每个学习者的以下数据，以此作为政府拨款的部分依据：

---

① European Centre for the Development of Vocational Training. Vocational Education and Training in Finland: Short Description [R]. Luxembourg: Publications Office of the European Union, 2019.

（1）已完成的资格；已完成的部分资格模块。

（2）职业教育的开始日期；暂时中断学习或辍学情况。

（3）资格单元、通识单元的信息及其范围，技能和已完成的资格培训的评估。

（4）用于计算核心资金（"学生人数和单个学生成本"）和基于绩效的资金中需要的相关数据。

除了 KOSKI 数据库提供的基础数据以外，芬兰统计局也为拨款系统提供数据，包括收集有关学生以前的资格以及获得就业或继续学习的数据。

2. 学生反馈调查问卷

基于有效性的拨款中除了占比较大的学生就业和升学指标以外，还增加了对学生和劳动力市场的反馈调查。反馈调查以问卷的形式开展，由职业教育提供者负责收集。芬兰教育与文化部要求职业教育提供者确保接受学生反馈调查的人数与国家数据库（KOSKI）同期报告的数据相对应，且同一名学生只可以为一所职业教育机构提供反馈数据。

职业教育学生共需要完成两次反馈调查：第一次是在学习初始阶段（Initial Stage），即学生个人能力发展计划得到审核批准后的一个月内，这部分问卷调查的分数占整个反馈调查分数的四分之一；第二次是在学生毕业时（Final Stage），即学生证明已完成个人能力发展计划中设定的资格或资格单元所需的知识和技能之日起一个月内，这部分则占四分之三。根据政府的改革过渡要求，职业教育拨款机制将在 2020 年首次引入有效性拨款（10%），因此这将是在学生和劳动力市场反馈的基础上首次分配资金（见图 4.3）。为了在 2020 财年的拨款决策中获得相关拨款指标的数据，学生反馈的收集从 2018 年 7 月 1 日开始。[①]

问卷的回答采用五分制，从 1 分（强烈不同意）到 5 分（强烈同意）。在学习初始阶段的调查问卷共有 19 道题，主要内容包括：①开始学习的时间的灵活性和个别课程内容；②对先前学习成果的评估；③学校环境和学习氛围；④所需的支持和指导。学习结束阶段的调查问卷共有 31 道题，主要问卷内容涉及：①学

---

① European Centre for the Development of Vocational Training. Finland: New Approach to VET Provider Financing Uses Student Feedback [EB/OL]. (2018 - 09 - 07) [2020 - 02 - 10]. https://www. cedefop. europa. eu/en/news-and-press/news/finland-new-approach-vet-provider-financing-uses-student-feedback.

习过程的灵活性；②教学设施和学习环境是否能帮助学生学习；③在学习期间获得支持和指导的情况；④在学徒培训期间，学生和企业员工是否平等；⑤是否拥有在工作场所学习的机会；⑥是否能获得创业能力；⑦学生对自身能力的评价；⑧对就业或继续深造学习的准备情况。在第二次填写问卷时，学生还需完成背景调查，问题包括学生的年龄、母语、性别、教育背景等基础信息；预想自己完成学业后可能的发展方向，比如职工、企业家、升学、失业或者公务员等；是否完成了全部资格培训或部分资格培训。问卷充分考虑学生的认知能力，使用了通俗易懂的语言；设置的问题数量合理，适当的问题数量可提高学生回答问卷的积极性和结果的可靠性；分阶段调查，充分考虑了学生不同阶段的需求和反馈。

第三节　芬兰新的职业教育拨款体系改革特点

一、以绩效为本，追求公平与质量

芬兰职业教育新的拨款体系在统一的拨款机制下实施多元拨款模式，以原有的核心拨款为根基，在此基础上引入了基于有效性、学业完成情况等绩效拨款类别，使新拨款体系更加灵活、高效。同时，原有的拨款体系中绩效拨款占比过少，在一定程度上不利于进一步提高职业教育提供者的教学积极性，对提高教育质量也有不利影响。改革后，新的拨款体系加大了对职业教育提供者绩效成果以及学生和劳动力市场反馈的评估，有助于提高就业率和促进市场良性发展。此外，新的拨款体系在不断追求教育质量提升的同时，也更加注重公平在教育和经济社会发展中起到的重要性作用。追求公平与质量的平衡是21世纪各国教育普遍面临的挑战和目标。芬兰在保障所有接受职业教育学生的最基本的学习外，还对有特殊需求、身体残障或生活困难的学生给予特殊补贴和指导帮助，同时也向能够为这类有特殊需求的学习者提供职业教育的相关机构、行业等较高权重的拨款资助。

二、以能力为基础，以客户需求为导向，良性衔接劳动力市场

芬兰职业教育新的拨款体系是以能力为基础，以客户为导向的职业教育系

统,并且还把对学生和劳动力市场的反馈调查纳入有效性拨款指标中。原有拨款体系把更多的关注点放在了给予每个学习者是否获得平等的职业教育机会,以及培训机构的人员配备、师资力量和硬件设施等内容上,而忽视了学习者实际发展需求和能力水平。新拨款体系不仅将学生反馈放在了重要的位置,同时还要求职业教育提供者更关注学生的发展需求并积极采取相应支持措施,比如为每名学生制定一份专属的个性化学习发展计划、对可能导致学生辍学的一些问题加强早期干预等。此外,新的拨款体系还激励职业教育提供者在教育过程中关注学生需求,还在学习者毕业后,为其进一步的发展提供建设性的规划意见和指导,进而提高芬兰的就业率和人才储备。由于原有拨款体系存在忽视劳动力市场的反馈、使教学成果丢失、教育目标与劳动力市场不匹配等问题,新拨款体系则激励职业教育提供者了解企业和雇主的人才需求和反馈,确保学生学到的技能与劳动力市场和经济社会的发展相适应,进而提高职业教育毕业生的就业率。同时,新的拨款体系还鼓励职业教育提供者追求以目标为中心的长远发展,充分发挥自主权,提升职业教育效率和质量。

三、增加战略性拨款,提高职业教育拨款机制的灵活性和重要性

芬兰政府在新的拨款体系中增加了战略性拨款,虽然这一类别的拨款最多仅占 4%,但是却对整个拨款机制起到了非常重要的影响。战略性拨款有两个鲜明的特点,即动态性和专项性。动态性是指每年这部分拨款没有固定金额、固定拨款对象和固定资助项目,而是根据当年国家实际战略需求和职业教育发展目标而确定的。这样动态化的拨款模式既提高了拨款机制的整体灵活性,也激励了职业教育提供者紧跟国家发展趋势进行创新和改革。专项性是指战略性拨款是专项资金,主要由议会决定,教育与文化部负责具体实施,会确定具体资助项目、具体资助对象,目的是支持职业教育领域的国家重要战略规划和政策。此外,战略性拨款体现了芬兰政府对本国职业教育的重视,同时也对职业教育提供者、职业教育相关的教职工作者、承担学徒培训的企业等给予重要的肯定和激励。

四、以数据和证据保障拨款指标,增强体系透明化和可靠性

芬兰职业教育拨款体系改革的动因和改革过程都体现了政府在政策实施过

程中对数据的重视和以证据来分析改革决策的严谨态度。数据已成为现代教育治理必不可少的一部分,没有数据就无法对绩效进行比较,也无从对教育质量进行监测和评价。芬兰新职业教育拨款体系的一个显著特点是引入了新的国家数据库 KOSKI,提高了拨款的科学性和可靠性,同时还提高了职业教育提供者和教育部门的工作效率。此外,新的拨款体系还通过反馈调查问卷的形式深入了解学习者和劳动力市场的情况,改变了以往仅基于国家统计局和职业教育提供者层面的数据进行评估的单一方式,形成以国家数据库 KOSKI 为主、其他途径为辅的多元收集和保障机制。值得注意的是,新拨款体系中所使用的大部分数据都是公开、透明的,有助于政府和民众更合理和有效地对职业教育提供者的绩效进行比较和评估监测。

综上所述,芬兰职业教育拨款体系改革的目的是建立一个以生均成本为根、绩效为本,以能力为基础、客户为导向,以数据和证据为保障的科学高效、灵活可靠的职业教育拨款体系,对我国进一步深化职业教育改革、提高职业教育办学质量有着重要的借鉴价值。2010 年,我国《国家中长期教育改革和发展规划纲要(2010—2020 年)》(以下简称《纲要》)的出台奠定了 21 世纪职业教育发展的新基调,《纲要》明确强调要大力发展职业教育、增强职业教育吸引力、调动多方利益者参与的积极性。在十年规划将要验收之际,2019 年国务院出台了《国家职业教育改革实施方案》,新的方案指出"职业教育与普通教育是两种不同教育类型,具有同等重要地位"。[①] 因此,我国职业教育发展和拨款机制的改革要充分借鉴和参考国外有益经验,取长补短进行本土化改革。

第一,职业教育拨款体系改革要抓牢以公平与质量为核心的改革议题。我国职业教育发展的政策重心正逐渐从数量扩张转变到提升质量和注重公平的方向上,坚持把促进公平作为国家基本教育政策,明确把提高质量作为职业教育改革发展的核心任务,加大对职业教育质量发展的经费投入。

第二,要做好顶层设计,加快立法先行,为职业教育拨款体系改革提供法律保障。我国关于职业教育经费划拨和使用的相关法律法规尚不完备,在职业教育经费的管理上也存在一定的盲区,相关法律法规亟待完善。

---

① 石伟平,郝天聪. 产教深度融合,校企双元育:《国家职业教育改革实施方案》解读[J]. 中国职业技术教育,2019,(7):93-97.

第三，要合理适当地将绩效指标纳入我国职业教育财政拨款指标中。我国职业教育目前仍实行生均拨款制度，尽管这一制度能够保证职业教育的基本办学水平和学生参与职业教育的机会，但是对职业教育相关机构的长远发展可能存在不利影响。此外，要合理考虑学生的实际需求和企业的反馈，革新职业教育的培养过程，实现职业教育课程和技能与劳动力市场需求相协调，使人才供给方和需求方相匹配。

第四，应加快打破我国职业教育改革过程中传统的有局限性的基于经验和归纳推理的决策模式，而转向更加重视数据开发和应用的模式，并将这种模式发展成为常态化的以数据和证据为特征的决策范式与制度形态。

第五章
后萨卡什维利时代格鲁吉亚职业
教育的变革

　　格鲁吉亚地处外高加索地区,素有"欧亚十字路口"的美誉,是欧亚历史、文化融合和经贸往来的交汇处。20世纪90年代初苏联解体后,格鲁吉亚面临政治和社会转型。早期格鲁吉亚政府机构存在庞杂、腐败等问题,导致该国在社会转型初期遭受严重经济危机,据统计,该国2000年国内生产总值仅为1990年的40.1%。① 虽然"玫瑰革命"领袖米哈伊尔·萨卡什维利(მიხეილ სააკაშვილი)在位期间格鲁吉亚经济有所好转,但其"华而不实"的政治改革、"精英腐败"和"集权统治"引起民众不满,而其激进的对外政策更是让格鲁吉亚遭受严重损失,尤其格俄战争导致格鲁吉亚GDP出现负增长。② 在后萨卡什维利时代,格鲁吉亚面临更为严峻的国内经济压力和日益复杂的国际形势。为了改善经济状况,恢复民众信心,格鲁吉亚政府除改革政治和经济制度外,还对教育制度尤其是职业教育体系进行大幅度的变革。《格鲁吉亚职业教育体系改革战略(2013—2020)》(本章下文简称《战略》)是格鲁吉亚教育与科学部在2013年12月发布的指导性政策文件,旨在消除职业教育中的"死角"(即不允许学生自由流动到职业教育或其他各级教育),提高职业教育声望,保障职业教育质量,改善就业前景,以实现社会经济发展和消除贫穷。③ 格鲁吉亚

① World Bank. World Bank Databank [EB/OL]. [2020 - 03 - 01]. https://www. worldometers. info/gdp/georgia-gdp/.
② 梁英超. 萨卡什维利成为格鲁吉亚的敌人原因探究[J]. 西伯利亚研究,2015,45(5):82 - 85.
③ Ministry of education, science, culture and sport of Georgia. Vocational education and training development strategy for 2013 - 2020. [EB/OL]. [2019 - 12 - 22]. https://www. mes. gov. ge/uploads/12.%20VET%20Strategy%202013-20_EN. pdf.

作为中国"一带一路"中最具有战略性的欧洲伙伴之一，了解该国在职业教育领域的改革趋向，有助于加强双边在教育领域的合作关系，为共建"一带一路"提供人才支撑。本文主要围绕格鲁吉亚职业教育最新改革战略的出台背景、主要内容及核心特征展开分析和讨论，为落实《推进共建"一带一路"教育行动》提供具体国别案例参考。[①]

第一节　后萨卡什维利时代格鲁吉亚职业教育改革的动因

在萨卡什维利执政期间（2004年1月—2013年11月），格鲁吉亚国内生产总值不断增长，但该国失业率始终高居不下，而且贫困率不断增长（见图5.1）。"玫瑰革命"开启了格鲁吉亚政治民主化的进程，尤其2004—2005年间，由于政府结构改革导致公职人员减少，故失业率有所上升，而格俄战争和全球金融危机是造成2008—2009年期间失业率增长的主要原因。[②] 即便格鲁吉亚失业率的

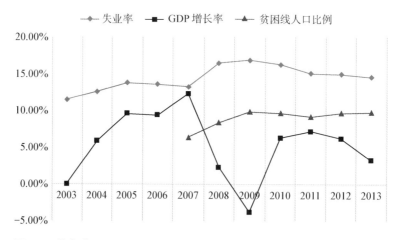

图5.1　格鲁吉亚2003—2013年失业率、GDP增长率和贫困人口比例（格鲁吉亚对贫困人口的统计始于2007年）

资料来源：https://www.geostat.ge/index.php/ka.

---

① 教育部关于印发《推进共建"一带一路"教育行动》的通知[R].北京：中华人民共和国教育部，2016.

② Tsartsidze, M. Poverty and the economic development factors in Georgia [EB/OL].［2019 - 12 - 22］. http://eprints. tsu. ge/1053/1/Poverty％20and％20the％20economic％20development％20factors％20in％20Georgia. pdf.

增长在一定程度上受到外部因素的影响,但是萨卡什维利政府以市场经济驱动的职业教育改革并没有为格鲁吉亚经济稳定、持续增长提供足够技能人才。后萨卡什维利时代的职业教育改革,仍主要受经济发展需求的驱动。此外,格鲁吉亚政府一直致力于加入欧盟,当前的职业教育改革也受政治需求的驱动,以期培养足够的高素质技能人才以应对欧洲经济一体化的挑战。

一、经济转型对技能人才的需要

苏联解体后,格鲁吉亚一直尝试经济改革,由工业主导向服务业主导转型。然而,在经济转型的过程中,格鲁吉亚职业教育的发展却没能跟上时代的步伐,在很长一段时间内仍是沿袭苏联时期的教育制度,导致在经济和劳动力市场结构调整的背景下,受教育者的技能不能符合现代劳动力市场的要求,给经济转型和产业升级带来一定负面影响。尤其萨卡什维利执政期间,劳动力市场面临教育与就业之间的失衡,失业率持续攀升,失业人数约 30 万,1/3(约 100 万)的居民生活在贫困线以下。一方面,格鲁吉亚高等教育人口比例很高,很多具有高学历的人对职业期望较高,且不具备从事技能工作的能力;另一方面,许多格鲁吉亚人所从事的职业与在校期间的专业存在较大差异,从业技能上存在严重不足。世界银行《2013 年劳动力技能调查》指出,格鲁吉亚劳动者的技能与劳动力市场的需求严重脱钩,是导致该国高失业率的主要原因。[1] 虽然格鲁吉亚教育和科学部在 2005 年开始着手对职业教育进行改革,并在 2007 年颁布《职业教育法》以解决职业教育系统中存在的问题,但是雇主对格鲁吉亚职业教育的质量仍表示不满。[2] 在以知识为基础的现代经济中,教育是国家经济发展的最重要工具,职业教育政策的制定需要立足市场经济对合格劳动力的需求,准备定位社会所需技能和专业,并采取适当措施对劳动力进行培训或再培训。为了确保劳动力市场的有效运作并克服不平等的问题,后萨卡什维利时代的格鲁吉亚政府致力于通过政策调控,完善职业教育体制,克服职业技能人才供需不平衡的问题,帮

---

[1] Papachashvili, N. Reflection of global transformations on the labour market (case of Georgia) [EB/OL]. [2019 - 12 - 30]. https://ir.kneu.edu.ua/bitstream/handle/123456789/31853/sbfv_19_6.pdf? sequence=1&isAllowed=y.

[2] Papachashvili, N. Reflection of global transformations on the labour market (case of Georgia) [EB/OL]. [2019 - 12 - 30]. https://ir.kneu.edu.ua/bitstream/handle/123456789/31853/sbfv_19_6.pdf? sequence=1&isAllowed=y.

助劳动力获得就业所需的知识和技能。例如，2013 年 6 月格鲁吉亚教育和科学部长第 79 号/N 命令，要求对农学、兽医学、工程物理、能源和电气工程、建筑学等应用技能学科的本科生减免学费，同时对公立职业学校的学生实施全额资助，①而《战略》的颁布更是将格鲁吉亚职业教育改革推向更深处，以满足知识经济发展、社会产业转型对高素质技能人才的需要。

二、为加入欧盟储备技能人才

自独立以来，格鲁吉亚远离俄罗斯、加入欧盟的步伐不曾停止，例如格鲁吉亚与欧盟在 1999 年签订《伙伴与合作协议》(*Agreement on Partnership and Cooperation*)，双方在政治、经济、贸易和教育等多领域建立合作关系。"玫瑰革命"后，格鲁吉亚更是加深了与欧盟的合作，旨在推动该国尽快融入欧盟的政府机构——格鲁吉亚欧洲一体化委员会(Georgia's EU Integration Commission)，进一步促进该国与欧洲开展切实有效的合作。在后萨卡什维利时代，格鲁吉亚总统萨洛梅·祖拉比什维利表示该国加入欧盟的选择不变。② 长期以来，欧盟是格鲁吉亚最重要的贸易伙伴，而欧盟也在技术和经济层面对格鲁吉亚给予大量支持。加入欧盟可以增强格鲁吉亚专业化生产的能力，获得更大的贸易市场，同时本国国民也可以获得跨区域工作的机会以及在欧盟内自由迁移和居住的权利。为达到欧盟的准入要求，格鲁吉亚除积极改革本国政治、经济、法律制度外，还对职业教育系统做出调整，从而提升受教育者的专业技能和就业能力，以满足欧盟成员国对劳动力素质的要求。与此同时，欧盟及主要成员国也大力协助格鲁吉亚发展职业教育，为加入欧盟后储备具有较高职业技能的劳动者。③ 例如，德国国际合作机构(Deutsche Gesellschaft für Internationale Zusammenarbeit, GIZ)是德国政府所有的一家推动国际合作的服务性企业，主要接受德国经济合作与发展部(Bundesministerium für wirtschaftliche Zusammenarbeit und Entwicklung，简称 BMZ)等德国政府部门以及别国政府委托，支持德国伙伴国

---

① Iakobidze, M. იქანე ჯავახიშვილის სახელობის თბილისის სახელმწიფო უნივერსიტეტი [EB/OL]. [2020 - 01 - 07] https://openscience.ge/bitstream/1/1409/1/MA%20Thesis. Iakobidze%20%20evroint. pdf.

② Agenda. GE. President Zurabishvili: we will not stop, we will continue knocking on Europe's door [EB/OL]. (2019 - 02 - 19)[2020 - 04 - 24] https://agenda. ge/en/news/2019/471.

③ Delegation of the European Union to Georgia. The European Union and Georgia Portrait of a Partnership [R]. Tbilisi: Delegation of the European Union to Georgia, 1999.

的发展和改革。该机构一直致力于输出德国先进的职业教育理念和方法,帮助南高加索地区(包括格鲁吉亚、土耳其、亚美尼亚、阿塞拜疆等国)发展职业教育,改变该地区由于缺乏高技能工人而导致经济潜力无法得到充分利用的状况,尤其在格鲁吉亚,GIZ 借鉴德国在职业教育和培训方面的知识和经验,协助格鲁吉亚政府开发和实施职业资格认证制度,提升当地民众的职业技能和就业能力。[①] 2019 年 10 月,欧盟启动了一项为期五年总值达 4 885 万欧元的"为了就业的技能"(Skills4Jobs)项目,旨在为格鲁吉亚的青年、女性及残疾人提供职业技能培训,以期将该国职业教育系统毕业生的就业率提高 10 个百分点。[②] 可见,《战略》的出台表明格鲁吉亚政府积极回应来自欧盟及其成员国所伸出的橄榄枝,主动对职业教育系统做出变革,为加入欧盟做好人力资源方面的准备。

第二节　后萨卡什维利时代格鲁吉亚职业教育改革的主要目标

2013 年 12 月,格鲁吉亚教育和科学部在欧盟的支持和参与下,制定并颁布《战略》,开启了本国在后萨卡什维利时代对职业教育的改革之路。《战略》强调人权、儿童权利以及性别平等的原则,认为接受职业教育与培训的机会是所有格鲁吉亚人的权利,同时明确了未来职业教育改革的目标。[③]

一、满足国家短期、中期和长期发展对劳动力市场的需要

就业率低是长期制约格鲁吉亚经济发展的主要因素,而克服就业难的问题也是该国每届政府政策计划中最重要的内容。从苏联解体到萨卡什维利政权,格鲁吉亚的就业问题一直悬而未决。造成上述问题的原因很多,缺少工作机会

① German Cooperation. GIZ south Caucasus together in Europe [R]. Tbilisi, Georgia: GIZ Office South Caucasus, 2016.

② European Training Foundation. The EU launches € 50 million programme in Georgia [EB/OL]. (2019 - 10 - 29)[2020 - 04 - 24]. https://www.etf.europa.eu/en/news-and-events/news/eu-launches-eu50-million-programme-georgia.

③ Ministry of education, science, culture and sport of Georgia. Vocational education and training development strategy for 2013 - 2020. [EB/OL]. [2019 - 12 - 22]. https://www.mes.gov.ge/uploads/12.%20VET%20Strategy%202013-20_EN.pdf.

和合格的职业技能人员是最主要的因素。值得注意的是，即使在高失业率的情况下，该国雇主也很难找到具有某些职业技能的员工。很明显，格鲁吉亚劳动力需求与供给之间存在严重失衡。因此，《战略》强调雇主在职业教育中的角色，目的就在于优化职业教育的培养目标，以适应劳动力市场对技能人才的需求。① 总之，优质职业教育资源有助于提高劳动力的素质，克服劳动力市场的不平衡，能有效满足国家社会经济发展在短期、中期和长期对职业技能人才的需求。

二、建立以劳动力市场需求为导向的职业教育体系

根据格鲁吉亚统计部门的数据，格鲁吉亚青年（15 至 25 岁）人口失业率超过 30%。② 《战略》将发展职业教育体系作为促进格鲁吉亚经济发展的优先事项，认为职业教育可以赋予青年人以职业技能，帮助他们完成就业，进而消除贫困。为此，《战略》鼓励社会伙伴（主要是雇主）积极参与职业教育政策的规划、制定和实施的全过程，同时赋予他们对职业教育进行监督和评估的权利，进而构建一个以劳动力市场需求为导向的职业教育体系。值得注意的是，强调社会伙伴在职业教育体系中的作用，可以有效激发工商业雇主在职业教育中的责任感，让他们不再认为发展职业教育是政府部门的行为，而是将培养符合劳动力市场需求且训练有素的技能人才作为己任。

三、确保全体国民拥有获得职业教育的权利

《战略》指出，要确保格鲁吉亚社会各阶层民众都有获得职业教育的机会，并强调社会弱势群体在职业教育中的重要性。2016 年，格鲁吉亚教育和科学部在挪威教育和研究部的指导和帮助下，共同编写了《格鲁吉亚全纳职业教育指南》，将全纳教育引入职业教育体系，③为社会弱势群体获得职业教育提供政策保障。

---

① Ministry of education, science, culture and sport of Georgia. Vocational education and training development strategy for 2013 – 2020. [EB/OL]. [2019 – 12 – 22]. https://www.mes.gov.ge/uploads/12.%20VET%20Strategy%202013-20_EN.pdf.

② National Statistics Office of Georgia. Employment and unemployment [EB/OL]. [2021 – 03 – 11]. https://www.geostat.ge/en/modules/categories/683/Employment-Unemployment.

③ European Training Foundation. The EU launches € 50 million programme in Georgia [EB/OL]. (2019 – 10 – 29) [2020 – 04 – 24]. https://www.etf.europa.eu/en/news-and-events/news/eu-launches-eu50-million-programme-georgia.

此外,《战略》还将职业教育纳入终身教育的范畴,目的是将职业教育与普通教育有机地整合起来,使得职业教育不再被视为单独的教育系统,而是整个教育系统的一部分,以此来进一步确保国民终身都能享有职业教育的权利。

四、提高职业教育质量,增强职业教育吸引力

格鲁吉亚职业教育质量水平不高,所培养的学生很难胜任工商业界的工作岗位,进而对产业界的生产水平、生产效率等带来不利影响。因此,《战略》将提升职业教育质量作为重要目标,并将此作为增强职业教育对民众吸引力的重要砝码。事实上,在苏联时代,格鲁吉亚民众就有"上大学是获得'好工作'前提",而"上职业学校是对差生的惩罚"的观念。[①] 当时民众的思想意识一直沿袭至今,人们简单地认为从职业学校毕业后,很难谋求一份高报酬且具有较高社会地位的工作。《战略》的出台,旨在改善职业教育系统的灵活性和透明度,提高职业教育的地位和形象,从而转变国民的传统观念,让民众意识到职业教育对自身及国家发展的重要性。

综上所述,后萨卡什维利时代格鲁吉亚职业教育改革的目标立足于本国社会经济发展的实际需求,同时兼顾了欧盟对职业教育变革的新动向,如将全纳教育、终身教育等理念融入新的职业教育体系,使得本土化和区域化成为该国职业教育改革目标的重要特征。

第三节　后萨卡什维利时代格鲁吉亚职业教育
改革的重要策略

为了实现《战略》中的目标,2014 年伊始,新一届格鲁吉亚政府便对本国职业教育进行大刀阔斧的改革。具体而言,在后萨卡什维利时代,格鲁吉亚职业教育改革的重要策略主要包括:①建立政府和社会伙伴共同参与的职业教育系统;②强化对职业教育教师的培养与专业发展;③重塑职业教育的形象,让职业教育成为受欢迎的教育选择。经过多年的发展,该国新的职业教育体系渐入佳境,人

---

① Vocational Education in Georgia [EB/OL]. [2022 - 11 - 11]. https://medium.com/@baindurashvili/vocational-education-in-georgia-f8c8b06a4317.

类发展指数(Human Development Index)已呈现出逐年增加的良好态势,预示着该国人力资本水平得到显著提升。

一、建立政府和社会伙伴共同参与的职业教育系统

早在 2005 年格鲁吉亚就成立了职业教育社会伙伴关系委员会,旨在协调各州政府、雇主、工会和非政府机构的活动。该委员会成员涵盖政府机构和社会团体的主要负责人,包括劳工、卫生和社会事务部,教育和科学部,农业、文化和古迹保护部,经济发展部等四个政府部门的部长,以及格鲁吉亚雇主协会、格鲁吉亚成人教育协会的负责人。[①] 虽然该委员会作为社会合作伙伴参与职业教育的开端,但是在原有职业教育系统中,社会伙伴(包括雇主、工会、社会团体等)归属感较弱,不利于激发他们参与职业教育办学的积极性。为了实现职业教育的振兴,加强政府部门与社会合作伙伴之间的协调,赋予后者更多的权利和机会参与到职业教育政策的制定和实施过程,格鲁吉亚在 2015 年成立国家专业委员会。[②] 作为国家一级在职业教育领域设立的主要审议机构,国家专业委员会旨在根据劳动力市场的需求调整职业教育与培训计划,确保职业教育的供需均衡。与早期成立的社会伙伴关系委员会不同,国家专业委员会的成员包括政府官员和工商业界代表,这在一定程度上使得该组织工作的开展更为务实,如工商业界负责人参与决策过程,让职业教育实现与市场经济的接轨。除引入社会伙伴参与职业教育决策的机制外,加强职业教育办学机构与社会伙伴之间的合作关系也是格鲁吉亚职业教育改革的重要策略。例如,《战略》要求社会伙伴参与职业教育的课程制定和教学改革;为学生提供在真实工作环境中带薪实习的机会;监督职业教育与培训计划的执行情况;参与具体职业资格的授予标准制定和授予。

虽然格鲁吉亚政府在职业教育领域尝试激发社会伙伴的参与热情,但是在

① Mosashvili, I., Nadiradze, T., & Beruashvili, M. Establishment of quality assurance mechanisms of vocational education specifics in organic farming and its European approaches to Georgia's example [C]. Proceedings of the International scientific and practical conference, Bulgaria, 2018:249 - 254.

② Chankseliani, M. & Silova, I. Reconfiguring Education Purposes, Policies and Practices during Post-socialist Transformations: setting the stage (pp. 7 - 25). In Chankseliani, M. & Silova, I. (ed.). Comparing Post-Socialist Transformations: Purposes, Policies, and Practices in Education [M]. Oxford: Symposium Books, 2018.

具体实践过程中政府与社会伙伴之间合作的关系却存在一些问题。事实上,社会伙伴关系在职业教育系统上与各级政府部门的合作关系十分薄弱,仅限于参与讨论提供建议,而不具有实际的决策权。同样,国家专业委员会、部门委员会和主题工作组的人员组成上也不均衡,政府代表人数远远超过社会伙伴人数,导致工商业界在政策制定过程中的话语权被大大削弱。总之,政府部门和社会伙伴共同参与职业教育的目标只是部分实现。

二、强化对职业教育教师的培养与专业发展

职业教育教师水平不高、教师职业吸引力不足等问题一直是制约格鲁吉亚职业教育发展的主要障碍,而近年来格鲁吉亚政府非常重视对职业教育教师的教育,以进一步提升职业教育的竞争力。《战略》强调改善职业教育教师的职前准备和在职专业发展工作,通过制定激励机制吸引优秀人才参加职业教师教育,以及提供更多的在职继续教育机会,确保职业教育教师在学科知识和技能专长等方面能够与时俱进。

为确保教师队伍的专业性和稳定性,格鲁吉亚政府计划进行一系列改革,包括优化教师合同、薪资标准,提供持续的专业发展机会,以及增强与企业的合作,确保教师能够掌握最新的行业动态和教学技能。这将使职业教育体系对新毕业生和商业部门经验丰富的人员更具吸引力,增强其与其他教育机构和企业的竞争力。具体而言,目标和活动领域分为两大部分。[①] 一是聚焦师资培训和持续专业发展,包括制定职业教育的最低教学标准,开发高质量的职业教育师资培训系统,提供职业教育与培训教师培训课程模块,以及激励优秀教师通过竞争性就业条件留任。此外,还要加强教师网络建设,共享经验和专业知识,并建立教师数据库,确保教师定期参与持续的职业发展。二是聚焦高质量的教学和评估过程,包括制定实施教育计划的最低设备规范要求,确保高质量的教学,加强私营部门在实践培训和考试中的参与,以及引入创新的学习方法和基于能力的技能评估系统。此外,也将推动职业教育与培训机构之间的相互学习和质量提高活动,以确保教学质量的统一性和可比性。通过这些综合性措施,格鲁吉亚政府希

---

① Benidze, V. An Overview of Georgia's Economic Growth Since 2012: Current Status, Challenges, and Opportunities for Future Development [J]. International Journal of Business, Human and Social Sciences, 2019,13(4):445-450.

望提升职业教育与培训的吸引力和质量，培养更多专业、优质的职业教育教师，满足现代社会和产业发展的需求。

三、重塑职业教育的形象，让职业教育成为受欢迎的教育选择

近年来，格鲁吉亚民众对职业教育的态度正在发生变化，一项调查显示，超过 70％的受访者认为职业教育对个人发展有重要价值，但是仍然有 27％的受访者对职业教育持消极态度①。因此，改善职业教育的形象是格鲁吉亚职业教育改革的优先事项。

格鲁吉亚政府正致力于重塑职业教育的形象，以使之成为受欢迎的教育选择。首先，政府采取措施消除了阻碍进入职业教育与培训的"死胡同"，确保学生选择职业教育之后仍有机会重新进入其他学术途径，增强了职业教育与其他教育体系的整合性。其次，为提高职业教育的吸引力，政府实施了一系列战略措施。其中包括：通过立法修正，消除教育"死胡同"；加强职业教育、普通教育和高等教育之间的联系，引入相关课程，使之相结合；保证职业教育学习者具备在各个层次教育中继续学习的横向能力；提供综合指导服务，如就业服务和咨询服务；实现在高等教育中的学分积累和转移；承认通过非正规和非正式教育获得的能力。②

此外，格鲁吉亚政府还非常注重职业教育体系的有效性，其标准是毕业生能在多大程度上实现就业或创办可持续企业，以及能否获得良好报酬和长期职业发展。这要求职业教育计划与劳动力市场需求、国内外商业机会相匹配，并在格鲁吉亚经济发展的背景下为中小企业提供发展机会。为了实现这些目标，格鲁吉亚采取了一系列策略和活动。政府强化职业指导和就业指导系统，开发可靠的职业指导、职业管理和信息系统，并提高相关机构在职业指导、咨询和信息方面的能力。此外，政府还支持中学发展职业指导系统，提高学生、教师、家长和私营部门对劳动力市场需求、职业机会、收入前景和就业选择的认识。格鲁吉亚政

---

① Kittiashvili, A. & Sumbadze, N. Overcoming vocational stereotypes: A step towards raising the attractiveness of vocational education and training in Georgia [J]. Education Sciences and Psychology, 2018,49(3):51 - 62.

② Vocational Education Development Department. Vocational Education Reform 2020 Report [R]. Tbilisi: Ministry of Education, Science, Culture and Sport of Georgia, 2020.

府在学生参与职业教育与培训课程的整个过程中为他们提供与企业家建立联系的机会,并在完成课程后继续支持职业教育与培训毕业生寻找工作,以及为创办企业提供融资可能性和小企业管理培训。①

总之,格鲁吉亚政府通过综合性的策略和活动,积极推动职业教育与培训的发展,努力推动职业教育的重塑,尝试改变公众对职业教育的传统观念,提高职业教育的社会认可度和吸引力,培养具有创新精神和创业能力的人才,为国家的经济发展和社会进步作出贡献。

第四节 后萨卡什维利时代格鲁吉亚职业教育改革的特点

一、使职业教育符合劳动力市场的要求

《战略》特别关注于制定基准,以确保在快速变化的世界中培养符合劳动力市场需求的人力资本。许多政策文件都强调了职业教育的重要性,职业教育的现代化进程是政府的优先事项。在过去十年中,职业教育已成为该国减少失业、创造更好的工作岗位和人们自我发展机会的最佳机制。无论教育系统的结构如何,从教育向劳动力市场过渡的过程对所有国家来说仍然是一个挑战。格鲁吉亚的职业教育改革旨在让雇主参与职业教育的各个阶段。近年来,该国政府引导雇主参与各级教育,并在教育过程中培养年轻人的创业能力。培养创业思维的理念是让学生有能力在一生中做出创造性、机遇驱动型和创新性的决定。例如,《战略》强调职业教育中的创新、创造和创业精神,与创新企业、设计中心、文化部门、高等院校建立"知识伙伴关系",推动与雇主、国家企业支持中心的合作,促进职业教育毕业生的创业和青年企业家的学习流动性,并积极参与国际活动如世界技能国际。政府还建立了严格的系统,记录职业教育毕业生培训后的活动,并定期开展跟踪研究,以评估职业教育体系的有效性,并确定是否需要更多的支持和活动修订。

---

① EU in Georgia. EU Technical Assistance Project in 2020 [EB/OL]. [2021 - 03 - 01]. https://eu4georgia.eu/projects/eu-project-page/?id=332.

二、强调职业教育系统的国际化

格鲁吉亚的职业教育不仅面向本国也面向欧洲劳动力市场。国际化的目标是拉近格鲁吉亚职业教育系统与欧洲教育空间的距离，提高本地劳动力在本地和国际劳动力市场上的竞争力。为实现这一目标，近年来，格鲁吉亚职业教育系统发生了一系列根本性变化。新制定的"国家资格框架"以"欧洲资格框架"的要求和原则为基础，提升格鲁吉亚颁发的资格证书在欧洲地区内的兼容性和认可度。此外，格鲁吉亚的《职业教育法》为实施联合方案和交流方案奠定了法律基础，这不仅适用于国内机构，也适用于国外教育机构。此外，职业教育学分制的兼容性是加强国际合作的前提。格鲁吉亚于2020年完成了规范职业教育学分制发展和计算过程的规范性法案的制定工作。根据该文件，职业教育系统将转为基于欧洲职业教育与培训学分认证制度（The European credit system for vocational education and training，简称 ECVET）。① 此学分认证机制将进一步促进格鲁吉亚加强与外国合作伙伴的合作，支持学生就业的流动性。

三、确保在终身学习原则基础上接受职业教育

众所周知，一个人在一生中通过接受教育和提高技能，可以增强自信心，并对生活质量产生积极影响。因此，为了培养一支有技能的劳动大军，格鲁吉亚特别重视开发易于满足人们的兴趣和愿望的系统和服务。为了满足劳动力市场和个人利益的需求，该国职业教育改革尝试改变本国人只有在教育机构接受正规教育的想法，在现有的提供者和资格之外，增加了具有教育成分和非标准资格的私营部门。通过职业培训，在较短时间内向成年人传授某些技能。对于希望雇用合格人员从事特定工作的雇主，以及对于有工作但希望提高专业技能和职业发展的人来说，职业培训和再培训计划都很有吸引力。因此，格鲁吉亚政府尝试对正规教育体系进行变革，将职业教育融入中小学教育，希望在相对较短的时间内满足劳动力市场的需求，同时鼓励雇主参与计划的实施，从而提高计划的质量和相关性。

---

① Vocational Education in Georgia [EB/OL]. [2022 - 11 - 11]. https://medium.com/@baindurashvili/vocational-education-in-georgia-f8c8b06a4317.

　　通过对格鲁吉亚后萨卡什维利时代职业教育改革进行深入探讨,我们可以看到这一系列的改革措施在某种程度上确实推动了职业教育与劳动市场需求的更好对接,加强了国际合作,提升了教育体系的国际化水平,以及促进了终身学习的理念。这些举措都表明,格鲁吉亚政府致力于通过教育的手段来实现经济发展、减少失业、提高人民的生活质量。然而,改革的进程并非一帆风顺,对于格鲁吉亚这样的国家来说,职业教育改革同时也面临着一系列的挑战。这些挑战包括如何确保教育体系的质量、如何满足不断变化的劳动力市场需求以及如何实现教育资源的合理配置。在实施改革的过程中,政府需要不断地进行批判性反思,不断调整改革策略,以确保改革能够取得预期的效果。此外,格鲁吉亚的职业教育改革还需要更加关注教育公平性的问题。虽然改革提出了一系列的策略,以期增加教育机会、促进教育的国际化,但是如何确保这些教育资源能够更加公平地分配到每一个个体,尤其是那些处于不利地位的群体,仍然是一个亟待解决的问题。总体而言,格鲁吉亚的职业教育改革取得了一定的成就,但仍需继续探索和努力。政府和相关教育机构需要密切关注改革实施过程中出现的问题和挑战,实时进行调整,并从中学习和提炼经验,以便更好地推进职业教育的发展,更有效地满足社会和经济的需求。

第六章

振兴与创新：非盟职业教育的战略展望

　　人力资本是通过投资形成的并由劳动者的知识、技能和体力所构成的资本，也是未来收入的源泉。作为提供人力资本的重要途径，职业教育的使命是在技术人力的数量和质量方面满足非洲大陆的经济发展需求，以实现集体的社会福利。[①] 在过去的二十年间，非洲国家经济快速增长，2018 年非洲经济平均增长率已达到 4.1%。[②] 非洲的经济发展迫切需要大量人才的支撑。到 2050 年非洲人口将从目前的 12.5 亿增至 25.7 亿，占全球的 1/4，[③]而且非洲的人口结构呈现年轻化特征，16～24 岁的青年将占非洲总人口的六成以上。[④] 充足的青壮年人口将为非洲提供更加充足的劳动力，而职业教育是能够将人口优势转化为大量人才的重要基础，它的发展将为非洲的发展带来前所未有的机遇。

　　非洲的职业教育在独立之初的近半个世纪内都处于停滞甚至倒退状态，直到近些年才逐渐引起重视。独立之初，非洲的职业教育是由不同类型的机构在不同的层次上提供的，这些机构包括技术和职业学校（公立和私立）、理工学院、

① Department of Human Resources, Science and Technology, AU. Continental Strategy for Technical and Vocational Education and Training (TVET) to Foster Youth Employment [EB/OL]. [2018 - 10 - 22]. https://au. int/sites/default/files/documents/35054-doc-tvet-english_-_final_2. pdf.

② 驻贝宁使馆经商处. 非洲发展银行对非洲国家 2018 年经济发展预测[EB/OL]. [2018 - 01 - 24]. http://bj. mofcom. gov. cn/article/ddfg/201801/20180102703436. shtml.

③ 人民日报. 2050 年非洲人口将增至 25.7 亿,非洲期盼释放人口红利[EB/OL]. [2017 - 10 - 09]. http://www. xinhuanet. com/world/2017-10/09/c_129717072. htm.

④ AU. African Union First Five Year Priority Programme on Employment, Poverty Eradication and Inclusive Development [EB/OL]. [2017 - 04]. https://au. int/sites/default/files/pages/33794-file-au-ilo_5ypp_-english. pdf.

企业和学徒培训中心。尤其是在西非，非正规部门提供的传统学徒制是获得就业技能最重要的途径。例如在加纳，非正规部门的培训占该国所有技能培训的九成以上。① 然而，政府和民众都对职业教育存在偏见，在大多数的学校体系中，职业教育通常被边缘化。② 21 世纪以来，非洲国家的经济发展向好，但贫困、失学和失业现象一直困扰着非洲的发展。2004 年，根据受教育程度划分的失业率统计数据显示，非洲受过初等、中等和高等教育的人群的人均失业率水平较高，如在摩洛哥，受过初等、中等和高等教育的人群，失业率分别为 50.9%、20.6%和 19.3%。③ 在此背景下，职业教育的社会功能被重新认知。

　　非洲联盟（African Union，简称"非盟"）是由 55 个非洲会员国组成的集政治、经济和军事于一体的全非洲性的政治实体，在全球社会和知识经济的环境中，其愿景是在非洲人民的推动下，成就一个融合、和平和繁荣的非洲。非盟无论是作为教育政策的发起者还是教育政策的推行者都扮演着举足轻重的角色，对各成员国乃至世界的发展都发挥着重要作用。④ 非盟在其第二个十年（2006—2015）发展计划中，承认过去对职业教育缺乏重视，因此将其列为非洲大陆七个优先投资领域之一。⑤ 在 2007 年召开的部长级会议上，非盟通过了《非洲职业技术教育和培训振兴战略》[*Strategy to Revitalize Technical and Vocational Education and Training（TVET）in Africa*，本章下文简称《振兴战略》]，旨在为国家的职业教育政策和行动提供一个战略政策框架和一套切实可行的建议，提高职业教育和培训的质量。⑥ 2013 年，面对非洲青年的高失业率现

---

① Department of Human Resource Science and Technology Division of Human Resource and Youth, AU. Strategy to Revitalize Technical and Vocational Education and Training (TVET) in Africa Final Draft [EB/OL]. [2007 - 05]. http://lekiworld.com/AU/docs/15.pdf.

② Moses O. Oketch. To vocationalise or not to vocationalise? Perspectives on current trends and issues in technical and vocational education and training (TVET) in Africa [J]. International Journal of Educational Development. 2007, (27):220 - 234.

③ 世界银行. 2006 年世界发展指标[M]. 方勇,译. 北京:中国财政经济出版社.

④ AU. Continental Education Strategy for Africa 2016 - 2025 [EB/OL]. [2015 - 09 - 14]. https://au.int/sites/default/files/documents/29958-doc-cesa_-_english-v9.pdf.

⑤ Association for the Development of Education in Africa. Concept Note on the Sub-Theme 2: Lifelong Technical and Vocational Skills Development for Sustainable Socio-economic Growth in Africa [EB/OL]. [2012 - 02]. http://www.adeanet.org/triennale-2012/sites/default/files/2018-07/cn_sub_theme_2.pdf.

⑥ Department of Human Resource Science and Technology Division of Human Resource and Youth, AU. Strategy to Revitalize Technical and Vocational Education and Training (TVET) in Africa Final Draft [EB/OL]. [2007 - 05]. http://lekiworld.com/AU/docs/15.pdf.

象,非盟在其《非盟战略计划 2014—2017》中指出通过职业技术教育培养青年的企业家精神和技能是解决该问题的关键。[①] 2014 年 6 月,非盟国家元首和政府首脑会议在马拉博举行,非盟从 2007 年《振兴战略》的评估中汲取教训,对其进行审视并重新定义了对职业技术教育与培训的看法,并发布了《促进青年就业的职业技术教育大陆战略》[*Continental Strategy for Technical and Vocational Education and Training（TVET）to Foster Youth Employment*,本章简称《大陆战略》]。该战略的主要目标是通过培训促进技能的获得,培训的重点是通过就业能力测试、可持续生计和有责任感的公民来响应社会经济环境的需求,并以创业精神和创造性精神为基础,促进创造和创新的能力建设。[②] 本章基于此政策文本,从分析该战略发布的背景入手,阐述战略的内容,对比 2007 年的《振兴计划》分析该战略的特点,并结合"一带一路"倡议提出以来中非良好的合作契机,提出双方进一步学习和合作的可能性。

第一节　非盟《大陆战略》提出的背景

一、职业教育发展的需要

　　职业教育是促进青年就业的关键,有助于实现他们在社会中的价值。许多发达国家的实践也证明,发展高质量的职业教育成功地促进了经济的发展。然而,非洲国家的事实表明,虽然非洲有较高的经济增长率,但是这种增长并没有转化为就业。其结果就是,劳动力供大于求,在每年大约 1000 万的就业人群中,大量的人找不到体面的工作。受教育程度低、缺乏技能和未充分就业的年轻人越来越多,对国家的稳定和发展造成了巨大威胁。据估计,在约 2 亿的非洲青年人口当中,不识字、失业或从事低薪工作的青年占据了一半左右。严峻的事实表

---

① The African Union Commission. The African Union Commission Strategic Plan 2014 - 2017 [EB/OL].〔2013 - 06〕. https://au. int/sites/default/files/pages/32028-file-the_au_commission_strategic_plan_2014-2017. pdf.

② Department of Human Resources, Science and Technology, AU. Continental Strategy for Technical and Vocational Education and Training (TVET) to Foster Youth Employment [EB/OL].〔2018 - 10 - 22〕. https://au. int/sites/default/files/documents/35054-doc-tvet-english_-_final_2. pdf.

明，非洲仍需大力发展职业教育，以实现经济发展和人才培养的协调发展。

　　非洲的职业教育发展具体存在几个方面的困境。第一，职业教育的资质认证标准和规定不统一。不同类型的职业教育没有统一的资质认证标准，且职业教育的结构分散，有关职业教育的规定出自不同的政府部门，由不同的立法机构管理，国家一级没有形成统一的政策和法律框架。第二，职业教育人才供给和劳动力市场需求不匹配。接受过正规教育的毕业生，包括大学毕业生在内的失业现象严重。传统的学徒制体系无法适应教育和培训部门的结构性改革，其培训内容难以与现代技术实践相匹配。非洲 2018 年动态发展报告指出，有限的就业机会、技能不匹配的现状以及创业障碍导致了南非关税同盟国家 15%～35% 的失业率。① 可见，技能培训和劳动力市场的不匹配问题比较严重。第三，地区、经济和性别不平等问题突出。在非洲的大部分国家，贫穷家庭的子女无力支付培训机构收取的费用。而好的技术和职业学校又位于城市，从而限制了农村地区人们获得优质教育和技能的机会。② 第四，非洲职业教育发展过程中资金不足，只有少数的几个非洲国家能够在一定程度上提供资金支持高质量职业教育的发展。这些问题直接影响了非洲国家职业教育的质量。大量的青年劳动力不仅没有助推经济的发展，反而成为重要的制约因素。目前非洲大陆的发展亟需与经济发展相协调的职业教育体系和框架，以保障高技术的人才供给。

二、对《振兴战略》的评估结果

　　在非洲的贫困、失学和失业现象持续影响其发展的背景下，非盟意识到职业教育对促进经济发展和增强人们建立可持续生计的能力的重要作用。2007 年，非盟通过了《振兴战略》，重新审视非洲联盟成员国的教育制度，使青年人能够接受义务教育，以使他们具备必要的一般技能、资质和态度，从而形成继续教育的文化氛围和创业精神，适应不断变化的工作需求。该战略为职业教育的发展提供了新的方向和发展方法。

　　虽然该战略提出后被各成员国的决策者和利益相关者普遍接受，但是实施

① AUC/OECD. Africa's Development Dynamics 2018: Growth, Jobs and Inequalities [EB/OL]. [2018 - 07 - 11]. https://doi.org/10.1787/9789264302501-en.
② The African Union Commission. Agenda 2063. [EB/OL]. [2013 - 06 - 10]. https://archive.au.int/assets/images/agenda2063.pdf.

效果甚微。国家一级缺乏具体行动的主要原因一方面是财政和人力资源的限制，另一方面是国家或区域的明确计划和法律不足。虽然非盟委员会也在利比里亚、刚果和布隆迪等后冲突局势国家(countries in post-conflict situation)实施了战略方案，但结果喜忧参半。对其进行重新审视之后的结果表明，有必要使其与当前全球趋势保持一致，并确定一套指标监测其进展。因此，《大陆战略》提出了应对政策问题和挑战的具体建议。

第二节　非盟《大陆战略》的主要内容

《大陆战略》以非盟的愿景为指导，致力于实现职业教育的范式转变。该战略有两个使命，首先是建立统一的总体框架，非盟成员国将依据该框架制定、实施国家和区域计划，在国家、区域和大陆各级建立连贯和综合的职业教育体系。其次，将职业教育纳入教育体系，作为提高非洲人民特别是青年能力的工具以及所有培训的终极目标。具体而言，该战略的目标可以总结为以下几点：第一，促进高效优质的职业教育体系的形成；第二，确保培训内容和劳动力市场需求相匹配；第三，发展创造、创新和创业能力；第四，改善法律和政治环境，加强培训系统的协调性和管理；第五，继续发展学徒制；第六，提高职业教育的地位和吸引力。①《大陆战略》主要包括以下五方面内容。

一、以技能需求为导向，建立全面连贯的职业教育体系

传统的以供给为导向的职业教育模式不仅缺乏目的性，而且缺乏灵活性，导致职业教育培养出了大量失业的毕业生。面对如此现状，《大陆战略》提出以部门的技能需求为出发点，尤其要重视作为国家经济引擎的部门的技能需求，以此来提高职业教育的针对性。斯威士兰教育和培训部的 2022 年计划 (*His Majesty's Government Programme of Action 2013 - 2018*，*Ministries' Action Plan to 2018 and 2022*)强调部门要提高职业教育质量，引导其以技能需求为导

---

① Department of Human Resources, Science and Technology, AU. Continental Strategy for Technical and Vocational Education and Training (TVET) to Foster Youth Employment [EB/OL]. [2018 - 10 - 22]. https://au.int/sites/default/files/documents/35054-doc-tvet-english_-_final_2.pdf.

向,充分考虑社会各界的需求,开发能力本位的课程和标准框架。① 同时,《大陆战略》提出建立全面且连贯的国家及区域职业教育发展计划,以便学习者充分利用正规教育、非正规教育和非正式教育的教育体系,通过不同的途径获得技能。以蔬菜生产为例,其整个农业价值链都涉及农业技能培训,从蔬菜的生产、处理、加工、营销直到投入市场,②各个生产环节都创造了大量的就业机会。而这种模式也可以在林业、矿业、工业等各种生产领域进行推广。

通过职业教育模式的转换,不同的职业教育体系能够最大限度地发挥其特点和优势。同时,生产部门在确定技能需求阶段便积极参与到职业教育过程中,有助于培养生产部门所需的技能人才。对于受训者来说,全面连贯的职业教育体系拓宽了培训领域和内容,不同人群可以依据自身的能力和特长选择接受不同类型的职业培训。

二、重新定义"行业"和"职业",明确培训目标

《大陆战略》指出,行业的目的决定了其定义,强调通过积累学习经验,掌握专业技术,熟练使用工具。因此,从对"行业"的定义可以看出,它强调知识和技术本身。此外,"行业"更加强调社会效用,诸如共同的社会价值、集体责任和个人责任等,这也使得每一个人为实现共同的发展目标所作出的贡献更加重要。而"职业"是在法律框架内定义的,其更多地指向为生活而定期从事的有偿工作,我们常称之为"生计"。"职业"常与酬劳相关,因此它或多或少地反映社会地位的高低。③ 从二者的定义可以看出,"行业"赋予个人以知识和专业技能,个人在此基础上选择适合个人发展的"职业"。

"行业"和"职业"的不同定义也决定了职业教育的不同指标和要求。为了增

---

① Kingdom of Swaziland. His Majesty's Government Programme of Action 2013 – 2018, Ministries' Action Plan to 2018 and 2022 [EB/OL]. http://www. gov. sz/images/ministries％ 20action％ 20plans％ 20pdf. pdf.

② Department of Human Resources, Science and Technology, AU. Continental Strategy for Technical and Vocational Education and Training (TVET) to Foster Youth Employment [EB/OL]. [2018 - 10 - 22]. https://au. int/sites/default/files/documents/35054-doc-tvet-english_-_final_2. pdf.

③ Department of Human Resources, Science and Technology, AU. Continental Strategy for Technical and Vocational Education and Training (TVET) to Foster Youth Employment [EB/OL]. [2018 - 10 - 22]. https://au. int/sites/default/files/documents/35054-doc-tvet-english_-_final_2. pdf.

强职业教育和行业的吸引力，定义和描述不同行业的工作必须涉及学校和大学的生涯指导服务人员，并且得到生产部门人员的支持，以保证准确定义行业的工作内容和技能需求。在此基础上，应将不同行业的准确定义告知学习者，告知过程中应明确两个问题：①各行业在生产链中的重要性、必要性以及获得该行业技能的途径；②通过不断的培训，受训者在公司内部获得职业晋升的可能性。就教育或培训年限以及不同级别人员晋升的可能性而言，相关部门应该出具具体的培训所需的资质证明和相关计划。

三、制定具体的培训和课程内容，在情境中实习

在清晰的行业定义基础之上，职业培训的目的就是制定针对性课程，获得资质认可。培训内容也要明确基于受训者需求、有很强的目的性，以保证不同技能需求的受训者学习一般技能、特定技能和相关技能，难度由易到难。这样的知识体系不仅能够保证受训者熟练地使用工具，同时也在实践中获得成熟的经验。同时，在各级的学习计划中，培训和课程内容应该包含数学技能、科学技术和语言的学习。①

为了提高创新、创造和风险管理意识，《大陆战略》提出培训机构要进行知识产权及相关问题的培训，使学生了解发明和创新的含义及其在科技发展中的重要性。在了解的基础上，学生能够合理使用专利信息，同时维护自身发明的独占权和使用权。通过培训，学生能够表达创造性和创新性的想法，将想法和所学知识付诸实践，并试图创造新的技术，利用知识产权知识维护新的发明。整个培训过程培养了受训者的创新和创造精神，并将伴随受训者的一生。因此，培训和课程本身不是最终目的，最终目的是培养学生的创新创造意识和精神。

《大陆战略》中，置身企业生活情境中的实习也是重点，也可以叫做工读交替（Work-Study Alternation）。受训者的部分培训都是在工作地点完成的，培训课程的目标、数量、时间和持续时长均由学校和企业共同决定，这意味着企业更多地参与到课程和培训当中。在学习过程中，受训者需要了解企业的分类和企业

---

① Department of Human Resources, Science and Technology, AU. Continental Strategy for Technical and Vocational Education and Training (TVET) to Foster Youth Employment [EB/OL]. [2018 - 10 - 22]. https://au.int/sites/default/files/documents/35054-doc-tvet-english-_-final_2.pdf.

的创建过程，培训内容还包括规划和制定公司的行政和财务记录。^① 这样的培训内容有助于锻炼他们应对风险的能力，并使其真正置身于人力和政策环境中。

四、加强师资培训，保障教学质量

教师是知识建构和传播过程中的一个重要组成部分，尤其是在专业问题的示范过程中。教师的成功经验会增强学习者的信心，且成功的教学法有助于激发学习者主动探索的精神。因此，《大陆战略》注重对教师的培训。为了保证足够数量的教师接受培训，教育部门应为教师提供适当的工作和生活条件。在教学方法的培训中，培训机构应促进学习者的参与和生产部门的从业人员的融入。在2016年的国际教师节当日，非盟致辞，称赞非洲教师在确保儿童和青年获得知识和技能方面所发挥的核心作用，也呼吁对非洲教师的培训、生活和工作条件进行调研，以增强非洲教师的工作动力。在具体措施方面，为了解决当前教师短缺、教师培训工作缺乏和生活条件差的问题，非盟强调对教师的招聘、调动、专业化、教学实践等多方面进行投资；职业教育的课程应与行业和劳动力市场有更大的相关性。^② 由此可见，非盟逐渐意识到非洲教师在塑造青年的未来方面发挥着不可忽视的作用。

同时，对学校管理者的再培训也非常重要。培训机构要求管理者适当地接受职业教育、企业管理和业务环境方面的培训，这有助于管理者与生产部门的领导者实现更有效的沟通。鼓励生产部门的从业人员参与教学和培训，分享工作经验，

五、完善职业教育基础设施，提高设备利用率

很多非盟成员国国家的职业教育机构缺乏足够的教学设备，现存的很多设备也已经年久失修。职业教育的开展和实施最终要落实到教学设备和教材上，

---

① Department of Human Resources, Science and Technology, AU. Continental Strategy for Technical and Vocational Education and Training (TVET) to Foster Youth Employment [EB/OL]. [2018 - 10 - 22]. https://au. int/sites/default/files/documents/35054-doc-tvet-english-_final_2. pdf.

② Message from the African Union Commission on International Teachers Day [EB/OL]. [2016 - 10 - 07]. https://au. int/sites/default/files/pressreleases/31457-pr-statement_on_world_teachers_day_2. pdf.

因此必须完善职业教育的基础设施。在这个方面，国家要起到领导作用，制定新的职业教育政策并落实到全国。

对于设备是否发挥其效用最大化的问题，争论各方也提出了解决方法。各个机构可以将设备收集起来，并出租给生产部门，允许其在一定时间内使用设备。通过这种方式，机构和生产部门之间建立了良好的合作关系，降低了彼此的运营成本。对直接参与到此过程中的学习者来说，企业家精神、合作精神和管理能力也得到了培养。在国家层面，政府也不需要举国家之力整合所需的基础设施。

职业教育的成本很大一部分来源于消耗品，机器一旦缺少消耗品就会停止工作。在这个问题上，培训机构的管理者需要予以特别关注。大力发展经济和循环利用机制是解决该问题的必要途径。

第三节　对非盟《大陆战略》的反思性评价

一、《大陆战略》的特点和作用

对比 2007 年《振兴计划》实施以来的非洲职业教育状况，2014 年颁布的《大陆战略》具有以下特点。

1. 非盟组织和各个成员国对职业教育的支持力度大大增强

《大陆战略》提出要加强政治意志的推行，促进职业教育环境的改善。在该倡议下，非盟组织和各个成员国加大对职业教育的支持力度。2015 年 10 月，非盟领导并组织了非洲职业教育和空间科学技术展览会。展览会旨在展示 21 世纪最理想和最具可行性的十个职业教育发展模型，这些发展模型都是从自下而上的竞赛中选出的，以展示整个非洲大陆良好的教育实践和青年技能发展的新路径。[①] 展览会为与会者提供了探索潜在伙伴关系的机会，这些伙伴关系最终将增强非洲内部在技能发展方面的能力，加强大陆、区域和国家实施《大陆战略》的能力。

---

① Exhibition on TVET and Space Science & Technology in Africa [EB/OL]. [2015 - 10 - 28]. https://au.int/sites/default/files/newsevents/pressreleases/27680-pr-pr-_exhibition.pdf.

在专家团队的宏观指导层面，非盟也采取了相关措施。2017年，非盟呼吁组建大陆职业教育专家咨询小组，旨在指导成员国制定国家职业教育政策，建立能够管理职业教育政策的培训体系和实施主体。专家组主要负责为加强和扩大投资、加强与工业的联系以及与劳动力市场的协调提供建议、协助、支持和倡导。专家组还肩负着额外的问责使命，作为监测和评估会员国执行进展的一部分。小组成员由人力资源和科学技术专员任命，任期四年。预计专家组每季度至少召开一次会议。召开会议和开展业务的方式具有多样性和灵活性，整个专家组可以以正式会议、咨询、电话或视频的形式召开会议。此外，也可以通过信函和小规模双边专家会议的方式开展其他业务。[①] 从上述行动可以看出，《大陆战略》为非洲大陆的职业教育提出了更具有可行性的建议和指导，并致力于加强各层级之间的合作和一致性。

2. 基于范式转变，培养工作机会的创造者

2008年在马普托举行的非洲教育发展协会双年展强调了职业教育需要进行范式转变，向更全面、更全纳的技术和职业技能发展（Technical and Vocational Skills Development，TVSD）的概念转变，该概念比传统的供应驱动体系更灵活、更加响应劳动力市场的需求。"技能发展"是指获得在劳动力市场中从事某一行业或职业所必需的实际能力、专业技能和态度。正规的公立或私立学校、机构或中心、非正规的传统学徒制或非正式的半结构化培训都提供了获得技能的途径。[②] 此后，在布基纳法索瓦加杜古举行的2012年非洲教育发展协会三年展会议上，与会者以"非洲社会经济可持续增长的终身技术和职业技能发展"为主题，支持从TVET向TVSD的这种范式转变。[③]《大陆战略》进一步落实了这一概念，强调职业教育的范式转变意味着转变职业教育的发展理念，使年

---

① Call for Expression of Interest (EOI) Continental TVET Expert-Advisory Group. [EB/OL]. [2017 - 05 - 29 - 2017 - 6 - 30]. https://au. int/sites/default/files/announcements/32488-annc-call _ for _ expression_of_interest. _eng. pdf.

② Association for the Development of Education in Africa. Concept Note on the Sub-Theme 2: Lifelong Technical and Vocational Skills Development for Sustainable Socio-economic Growth in Africa [EB/OL]. [2012 - 02]. http://www. adeanet. org/triennale-2012/sites/default/files/2018-07/cn _ sub _ theme_2.pdf.

③ Association for the Development of Education in Africa. Skilling Africa: The Paradigm Shift to Technical and Vocational Skills Development [EB/OL]. [2014 - 08 - 27]. http://www. adeanet. org/en/blogs/skilling-africa-the-paradigm-shift-to-technical-and-vocational-skills-development.

轻人成为工作的创造者而不仅仅是求职者。①

《大陆战略》重新定义了职业教育中的"行业"和"职业"概念，二者的不同定义也决定了职业教育和培训的不同指标和要求。职业教育包含了发展行业的理念，通过行业发展，人们可以实现个人利益和集体利益。同时，《大陆战略》的另一个重要特点是重视受训者的创新、创造和风险管理能力，受训者需要了解行业发展现状，学习知识产权知识，创造出新的技术。因此，范式转变成为职业教育发展的目的，青年人接受系统培训的目标是有能力成为创造就业机会的雇主。

随着全球化的发展和工业 4.0 时代的到来，非盟举行了以"全球化视野下的技能发展(Skills Strategies for a Globalized World)"为主题的会议，提出创造"世界技能非洲(World Skill Africa)"的倡议，探讨了职业发展与创新、创业、多样性和包容性、全球公民、绿色经济和工业 4.0 的关系。② 此外，很多成员国，如加纳政府也举行了"技能加纳竞赛(Skills Ghana Competition)"，使青年人有机会接触各行各业的技能，促进职业教育的创新和发展。③ 范式转变的理念有助于将职业教育置于整个教育体系内，受训者不仅获得了专业技能，也发展了创新创业和创造能力，有机会成为工作机会的创造者而不仅仅是求职者。

3. 发挥生产部门作用，融入职业教育发展的全过程

生产部门自身的发展在很大程度上取决于当地职业教育的质量，为此，生产部门参与到学生的培训过程有利于发展职业教育，同时也有助于提高其所需的劳动力的质量。范式转变的理念要求生产部门在确定技能、能力和知识需求的阶段参与培训过程。在定义和描述行业所涉及的工作和培训内容时，生产部门的人员也必须参与其中。在加强师资培训的过程中，《大陆战略》鼓励生产部门

---

① Department of Human Resources, Science and Technology, AU. Continental Strategy for Technical and Vocational Education and Training (TVET) to Foster Youth Employment [EB/OL]. [2018 - 10 - 22]. https://au.int/sites/default/files/documents/35054-doc-tvet-english-_-final_2.pdf.

② African Union Strives to Close the Skills Gap across the Continent [EB/OL]. [2017 - 10 - 16]. https://au.int/sites/default/files/pressreleases/33166-pr-press_release_-_african_union_strives_to_close_the_skills_gap_across_the_continent.pdf.

③ "Skills Ghana Competition" 6th - 9th November Theme: Skills for Jobs and National Development [EB/OL]. [2018 - 11 - 06]. http://moe.gov.gh/index.php/event/skills-ghana-competition-6th-9th-november-theme-skills-for-jobs-and-national-development/.

的从业人员参与教学和培训,分享工作经验,还原工作场景。除此之外,在战略的实施和监测阶段,政府应该与生产部门联合建立就业观察站,实时观察和记录就业者的工作情况。该战略有助于加强生产部门和求职者的联系,在确定技能需求、技能培训和实施监测阶段全程参与职业教育发展,从而使整个职业教育体系更加贯通。

《大陆战略》在职业教育体系、行业定位、培训内容、师资建设、基础设施完善等方面提出了一系列措施,体现出非盟和各国政府对职业教育的支持力度不断增强;职业教育致力于实现范式转变,培养工作机会的创造者;发挥生产部门角色,共同培养市场人才。该战略以非盟的愿景为指导,并且呼应了非洲职业教育实现范式转变的需求。在经济全球化和非洲大陆就业不景气的背景之下,该战略全面而具体地为非洲职业教育提出了新的发展模式,指出了 2007 年《振兴计划》的症结,考虑到了职业教育的监管、创新创造和就业能力的交叉性问题,更加深入地探讨了职业教育对增强社会凝聚力、政治稳定、脱贫和区域一体化的作用,有助于在非洲大陆、区域和国家层次上服务于社会经济发展,培养符合劳动力市场需求的人才。

二、实施《大陆战略》的障碍

政治的不稳定是阻碍《大陆战略》实施的一大障碍。近年来,新兴经济体在非洲的影响力逐渐上升,逐渐引起西方传统大国的不满,西方国家加大对非的军事干预。此外,非洲内战、政局动荡和部族冲突不断上演,如塞拉利昂内战、科特迪瓦军事政变、卢旺达和布隆迪的部族冲突。

经济发展水平的落后是另一障碍。联合国贸易和发展会议(United Nations Conference on Trade and Development,简称 UNCTAD)发布的《2018 年世界最不发达国家报告》显示,联合国认定的最不发达国家有 47 个,其中 34 个都位于非洲。[①] 据预计,2030—2035 年,撒哈拉以南非洲处于劳动年龄(15～64 岁)的人数将达到 1 亿以上,超过世界其他地区,该地区需要在 2018—2035 年每年平均创造 2 000 万个工作岗位。然而,撒哈拉以南非洲 3.1%的宏观经济增长水平

---

① 中华人民共和国商务部. UNCTAD 发布最新版《世界最不发达国家报告》[EB/OL]. [2018 - 11 - 26]. http://www.mofcom.gov.cn/article/i/jyjl/k/201812/20181202814492.shtml.

远不足以创造如此多的就业岗位。① 这种情况极大地影响着非洲大陆的职业教育发展水平。

基础教育的缺乏也是影响《大陆战略》实施的重要因素。20 年来，非洲接受各级教育的儿童和青年数量有了明显增长，但仍有大约 3 000 万的儿童未能就学。随着人口规模的扩大，这一数字仍在不断增长。据统计，非洲教育的金字塔呈现出这样一种形态：基底大（小学入学率 79%）、中段窄（中学入学率 50%）和顶端尖（高等教育入学率 7%）。以上数据意味着将近一半的未成年人在接受中学教育后便辍学，他们中的大部分由于文化程度低，只能从事基础性工作，如农业、矿业。② 基础教育的缺失又会影响职业教育的生源，学生水平的参差不齐也直接影响到职业教育的教学效果。

此外，非洲大陆对职业教育本身的研究不足。职业教育的技术培训内容应向世界先进技术看齐，但是目前有关职业教育的最新发展信息严重不足，这包括职业教育政策和体系的发展、基础教育体系的发展以及职业教育与国家和区域劳动力市场之间的关系。了解非洲大陆职业教育的最新发展数据可以为政策的制定、监测和评估提供事实依据，一旦掌握了最新数据，各成员国将快速地识别并解决课程实施和劳动力市场环节中的问题。

从 2007 年的《振兴战略》到 2014 年的《大陆战略》，非洲大陆在实践中不断审视并完善着自身独特的职业教育模式。在《大陆战略》中，非盟从五个方面提出了一系列发展措施，全面支持非洲大陆的职业教育发展，并立志促使年轻人转变角色，成为工作机会的创造者。此外，生产部门在职业教育过程中也承担起更多的社会责任。不过，在战略实施过程中，非洲大陆也不可避免地面临着政治不稳定、经济落后、基础教育缺乏和职业教育领域研究不足的障碍。尽管如此，《大陆战略》的提出仍然具有不可磨灭的进步性和创新性。只有在困难中前进，才能不断地在实践中寻求解决问题的方法。

---

① 国际货币基金组织. 世界经济与金融概览[EB/OL]. [2018-10]. file:///Users/qinxiayu/Downloads/sreo1018c.pdf.

② UNESCO. Education for All 2000-2015: Achievements and challenges [R]. Paris: UNESCO, 2015.

第七章
全球化响应：加勒比共同体职业教育的卓越策略

　　经济全球化和教育国际化的不断深化已经成为当今世界的显著特征，这一趋势在国际舞台上引发了广泛的讨论与关注。全球化的潮流带来了国际贸易、技术交流和人才流动的迅猛增长，对世界各国的经济和社会结构产生了深远影响。全球化时代，教育与培训不再局限于国界，而是成为塑造国家竞争力和可持续发展的关键要素之一。在全球范围内，各国政府和国际组织正在积极应对这一挑战，不断探索新的方法和策略，以适应全球化带来的机遇和挑战。特别是在区域一体化的背景下，许多国家和地区都在积极推动与区域经济一体化相适应的职业教育与培训一体化，以支持提高区域竞争力和可持续发展。本章聚焦加勒比共同体（Caribbean Community，缩写 CARICOM，下文简称"加共体"），这是一个位于加勒比地区的重要经济组织，它通过其独特的"教育就业计划"（Education for Employment Program）展现了对于职业教育与培训的前瞻性视角。

　　加共体正式成立于 1973 年 8 月 1 日。该组织旨在促进加勒比地区的经济合作和一体化，协调成员国外交政策，在卫生、教育、文化、通讯和工业等领域提供服务和进行合作的愿景。然而，随着时间的推移，加共体不再仅仅是一个政治和经济合作机构，它还在教育领域展现出了积极的作用，特别是在面对全球化挑战时。2013 年，加共体颁布了"教育就业计划"，这一计划的目标之一是通过建构市场应对型职业教育和培训体系，培育具有全球竞争力的劳动力，以此确保加勒比地区的经济可持续繁荣发展①。这个计划代表了加共体对于职业教育与培训的高度关注，以满足当今全球化时代对于高技能和高素质劳动力的需求。

本章将深入探讨加共体的教育就业计划，分析其背后的动机和目标，并探讨其在加勒比地区和国际舞台上的影响。同时，还将讨论实施这一计划所面临的挑战和机遇，以及它对于加勒比地区经济一体化和可持续发展的潜在贡献。最后，本章将强调教育与培训在全球化时代的重要性，以及加共体在这一领域的经验对于其他国家和地区的启示。通过深入研究加共体的教育就业计划，我们可以更好地理解全球化时代职业教育与培训的发展趋势和挑战，为未来的政策制定和实践提供有益的参考。

第一节　加勒比共同体"教育就业计划"出台背景

一、区域化经济发展的时代需要

早在 20 世纪 90 年代初，加共体就制定了《区域职业教育与培训战略》(*Regional Strategy for Technical and Vocational Education and Training*)来应对经济全球化和贸易自由化所带来的挑战。② 该战略强调加强区域经济一体化，要求各成员国设立国家培训机构以及建立人力资源的支持和补充机制，以协调和促进劳动力培训、评估和认证。随着经济全球化对经济发展及劳动力要求的不断提高，原有的职业教育与培训战略无法满足当今市场对劳动力自由流动的要求。2001 年 7 月，加共体单一市场和经济体(CARICOM Single Market and Economy)这一区域经贸合作机制正式启动，标志着各成员国开始以共同体的形式参与和应对市场竞争，从根本上提升整个区域的全球

---

① CARICOM. Education for employment program: CARICOM Regional TVET strategy for workforce development and economic competitiveness. (2014 - 9 - 23)[2018 - 4 - 20][EB/OL]. https://www. collegesinstitutes. ca/news-centre/news-release/colleges-and-institutes-canada-supports-caricom-regional-tvet-strategy-strengthening-skills-for-employment-and-competitiveness/.

② Caribbean Community Secretariat. Regional Strategy for Technical and Vocational Education and Training [EB/OL]. (2012. 2. 21)[2018. 4. 22]. https://www. ilo. org/public//english/region/ampro/cinterfor/temas/complab/doc/tvet/index. htm.

竞争力。^① 加共体单一市场和经济体的有序运转需要区域内资本和劳动力的自由流动，然而加共体成员国内部对劳动力自由流动的限制却仍然存在。这种限制存在的根本原因，在于加共体内部的排外倾向以及各国的精英教育体系：一方面担心本国国民就业机会被抢走，另一方面又担心有技能的公民外流。但是当前的经济发展要求加共体成员国之间建立有效且自由的劳动力流动机制，这也是提高区域劳动力市场灵活性和扩大加共体各成员国国民就业机会的重要手段。为了打破劳动力市场的流通限制以及通过人力资本的提高从而吸引投资力，加共体在近年来努力开展了如建立加勒比职业资格证书制度（Caribbean Vocational Qualification，简称 CVQ）等改革举措，以期建立一个高效优质、面向每个受教育者的职业技术教育和培训体系。^②

二、劳动力发展的现实需求

加共体在 1952 年指出，加勒比地区的经济发展主要依靠农业、小部分重工业和逐渐增长的轻工业，而生产率低下和技能人才不足严重制约了区域经济的增长速度。^③ 经过半个世纪的发展，虽然加共体的经济发展水平有了显著提高，但是其劳动力发展仍面临生产率低下和技能型人才匮乏的问题。根据国际劳工组织（International Labor Organization，简称 ILO）在 2012 年公布的统计数据，加勒比地区在 2002—2012 年十年间的就业增长率均高于世界平均水平，但是该区域内的劳动生产率增长水平却低于世界平均水平。例如，2008—2011 年，世界平均劳动生产率增长了 1.6%，而加勒比地区仅增长了 1.0%。^④ 与此同时，青壮年失业

---

① CARICOM. Education for employment program: CARICOM Regional TVET strategy for workforce development and economic competitiveness. (2014 - 9 - 23) [2018 - 4 - 20] [EB/OL]. https://www. collegesinstitutes. ca/news-centre/news-release/colleges-and-institutes-canada-supports-caricom-regional-tvet-strategy-strengthening-skills-for-employment-and-competitiveness/.

② Jules, T. D. Educational Exceptionalism in Small (and Micro) States: Cooperative Educational Transfer and TVET [J]. Research in Comparative & International Education, 2015, 10(2): 202 - 222.

③ Jules, T. D. Educational Exceptionalism in Small (and Micro) States: Cooperative Educational Transfer and TVET [J]. Research in Comparative & International Education, 2015, 10(2): 202 - 222.

④ International Labor Office. Global Employment Trends 2013: Recovering from a second jobs dip [R]. Geneva: International Labor Office, 2014.

率居高不下也是影响加勒比地区经济发展的重要因素。据统计，2010 年拉丁美洲和加勒比地区的青壮年失业率高达 14.0%，远超总体失业率。^① 大量青壮年失业造成该地区社会劳动力资源的严重浪费，进而影响整个区域的经济发展与社会稳定。与此同时，加共体各成员国内部的教育及就业机会也存在着严重的问题。据统计，2010 年加勒比地区的贫困就业人群（日收入低于 2 美元）比例高达 8.7%，就业机会超六成集中于服务业。^② 加勒比地区劳动力发展的种种问题驱使加共体必须制定新的职业技术教育与培训战略以应对社会与经济发展的新要求，需要通过提高劳动生产率来提升投资吸引力，将劳动力状况从目前的低技能、低工资转变为高技能、高工资，以满足各成员国国民对提高收入水平及扩大中产阶层比例的夙愿。

第二节　加勒比共同体"教育就业计划"具体内容

"教育就业计划"由加勒比国家培训机构协会（Caribbean Association of National Training Agencies）发起，由加拿大社区学院协会（Association of Canadian Community Colleges）以及加拿大国际开发署（Canadian International Development Agency）合作制定。^③ 在此之前，加共体曾在 1990 年提出区域职业教育战略，通过提供职业教育课程以及协调区域内职业教育发展，为学生提供未来职业所需的知识和技能，从而提高区域内劳动力的科学和技术水平。^④ 然而原有的区域职业教育战略已经很难满足当今世界经济对劳动力的需要，新的"教育就业计划"充分考虑到各成员国社会经济发展的现实需求，给予各成员国

① International Labor Office. Global Employment Trends 2012: Preventing a deeper jobs crisis [R]. Geneva: International Labor Office, 2013.
② International Labor Office. Global Employment Trends 2012: Preventing a deeper jobs crisis [R]. Geneva: International Labor Office, 2013.
③ Jules, T. D. Educational Exceptionalism in Small (and Micro) States: Cooperative Educational Transfer and TVET [J]. Research in Comparative & International Education, 2015,10(2):202 – 222.
④ Caribbean Community Secretariat. Regional Strategy for Technical and Vocational Education and Training [EB/OL]. (2012. 2. 21) [2018. 4. 22]. https://www. ilo. org/public//english/region/ampro/cinterfor/temas/complab/doc/tvet/index. htm.

更强的主动性来探索符合本国发展的职业教育体系，确保区域内各国职业教育有序、均衡地实施，并且建立涵盖各成员国的问责制框架。"教育就业计划"确定了五个相关利益群体作为实施计划的主体，具体包括加共体、各成员国政府、各成员国的国家职业教育委员会、职业教育机构以及其他社会参与者（如雇主、劳动者、社会伙伴等）。① 在该计划实施过程中，每个相关利益群体都有其相应的责任。各成员国国家职业教育委员会负责领导制定与加共体"教育就业计划"相一致的"国家就业计划"。加勒比国家培训机构协会通过定期审查和监测报告各成员国落实"教育就业计划"的情况，以确保该计划能够得以协调、高效地实施。

一、强化职业技术教育的地位

"教育就业计划"强调职业技术教育是推动劳动力发展，提高经济竞争力的重要途径。在当今全球竞争日益激烈的社会环境下，职业技术教育被视为推动经济发展的关键性因素，其为劳动力市场提供的高水平技能型人才是保持区域持续竞争力的核心。"教育就业计划"将职业技术教育进行了重新界定，肯定其在提升为劳动力发展与经济竞争力的方面发挥的巨大作用。"教育就业计划"提出职业技术教育的发展必须要结合市场的需求，坚持以市场为导向，实现传统的职业技术教育由"供给侧"向"需求侧"转变。一方面，职业教育应采取更模块化的培养方式以适应多样化的市场需求，确保所培养的技术人才可以灵活地交付给不同需求的客户；另一方面，当前的工作环境对就业者能力的要求更加全面，需要就业者不仅拥有职业技能还要具备相应的学术能力，以不断学习和应对工作所带来的新挑战。因此，"教育就业计划"要求职业技术教育必须为学习者提供一系列与行业发展相关的学习机会，通过以学习者为中心的教学方式教授以能力为基础的课程，进而确保学习者技能的全面发展。

二、建立加勒比职业资格认证框架

"教育就业计划"提出发展职业技术教育的核心要素之一就是建立认证体

---

① CARICOM. Education for employment program: CARICOM Regional TVET strategy for workforce development and economic competitiveness. (2014 - 9 - 23)［2018 - 4 - 20］［EB/OL］. https://www. collegesinstitutes. ca/news-centre/news-release/colleges-and-institutes-canada-supports-caricom-regional-tvet-strategy-strengthening-skills-for-employment-and-competitiveness/.

系。职业技术教育之所以难以推行,主要原因就是它在公众眼中"教育质量差"
"难以就业"的刻板印象。改变这种刻板印象的关键一环,是向公众宣传和推
广职业技术教育是一种优质的高等教育选择,它提供了劳动力所需要的知识
和技能,同样可以实现就业和个人创收。解决这关键一环,需要从国家层面将
职业技术教育从"学历文化"中抽离出来形成"认证文化"。认证文化越浓厚,
职业技术教育对公众便越具有吸引力。"教育就业计划"所提出的建立加勒比
职业资格证书制度便是建立这种认证文化的大胆尝试。该制度强调对职业资
格进行标准化认证,便于在整个加共体成员国范围内推广标准统一且通用的
正规资格证书。"教育就业计划"提出职业技术教育和普通教育都需要培养学
生的学术技能和技能技能,同时更应培养学生未来职业生涯所需要的职业发
展技能。加共体各成员国的绝大多数学生可以同时接受学术课程和职业课
程,然而现存的考试制度更偏向于鼓励学生参加普通教育,使得职业技术教育
处于不利地位。因此,单纯对职业技术教育进行改革并不能实现整个教育系
统的变革。为了培养知识经济时代背景下所需的劳动者,普通教育和职业技
术教育都需要建立以学习者为中心,以结果和标准为导向的,灵活且多样的课
程体系。基于此,"教育就业计划"制定了一项包括八个级别职业技能标准的
职业资格认证框架(Caribbean Qualifications Framework),将该框架作为整个
职业技术教育系统发展的中心,来保证所有参与主体的有效配合(见
表 7.1)。① 此外,为了向失业及低学历人群提供具有职业技能指向的培训,
"教育就业计划"还要求引入劳动力评估中心(Workforce Assessment Centers)
和先前学习评价(Prior Learning Assessment and Recognition),对劳动者通过经
验、非正式学习所获得的知识、技能进行评价鉴定,从而实现当前劳动力与职
业资格证书体系接轨。②

---

① CARICOM. Education for employment program: CARICOM Regional TVET strategy for workforce development and economic competitiveness. (2014 - 9 - 23)［2018 - 4 - 20］［EB/OL］. https:// www. collegesinstitutes. ca/news-centre/news-release/colleges-and-institutes-canada-supports-caricom-regional-tvet-strategy-strengthening-skills-for-employment-and-competitiveness/.

② Morrissey, M., Myers, D., Belanger, P., Robitaille, M., Davison, P., van Kleef, J., & Williams, R. Achieving Our Potential: An action plan for prior learning assessment and recognition in Canada ［R］. Halifax: PLA Center, 2018.

表 7.1　加勒比职业资格认证框架的等级标准及内容

等级	等级概述	资格
准入 1	在帮助和密切指导下使用基本技能、知识以及理解如何进行简单任务和活动	加勒比中级能力证书（Caribbean Certificate of Secondary Level Competence）
准入 2	在适当的支持和指导下，在需要的时候能够运用技能、知识并理解如何执行结构化的任务和活动	加勒比地区中级能力证书，CVQ 一级
等级 1	有能力运用相关的知识、技能和程序，在直接的监督和支持下完成基本的日常任务。包括使用适当的通信工具交流简单信息，可以在工作组内与他们进行合作	CVQ 二级，加勒比中级教育证书（the Caribbean Secondary Education Certificate）
等级 2	能够选择和使用相关的知识、思想、工具、技能和程序来完成一系列非常复杂和非常规情况下的明确任务。它包括使用适当的沟通工具进行交流和交换信息的能力；自主完成任务并涉及一定的团队合作和指导	CVQ 三级，加勒比高级能力证书（Caribbean Advanced Proficiency Examination），文凭（Certificate）
等级 3	能够识别、选择和使用相关的知识、技能和技术来完成任务，并通过复杂的自主判断来解决问题；在其中展示领导能力、团队精神和批判性思维能力	CVQ 四级，高中毕业证
等级 4	能够识别、选择和使用相关的知识、技能和技术来完成任务以及解决复杂和非常规问题；在其中表现出领导能力、团队精神和批判性思维能力，拥有自主权和判断力，同时在学习或工作领域能够理解不同的观点和方法	CVQ 五级，专科学位
等级 5	应用相关知识、方法和工作所需技能以及深入学习的能力；计划、评估、制定针对各种情况的行动方案，拥有判断力和自主权；与不同的听众交流；表达对不同观点和思想流派的理解并能够阐释理由	学士学位
等级 6	有能力提炼、整合和应用先进的知识和技能，以有限的数据解决复杂的问题；利用相关理论启发和改进行动方案；不断提高知识和理解水平，发展新的技能	研究生文凭
等级 7	有将知识和理解运用到现实生活中的能力；反映出规划和制定影响工作环境中组织行动方案的责任，拥有广泛的自主权和判断力；对相关理论和方法学领域的学习或工作的理解更加深入	硕士学位

（续表）

等级	等级概述	资格
等级 8	能够产生新的想法和知识，并理解、扩展知识和专业实践领域；此级别展示了发起、设计研究，以及开展战略活动解决复杂问题的能力；反映了对复杂理论和方法论原理以及分析的深刻理解，从而带来专业或工作方面的改变；在工作或研究领域中所表现出自主判断和领导能力，拥有引起职业、组织或社会产生重大变化的能力	博士学位

资料来源：CARICOM education for employment program: CARICOM Regional TVET strategy for workforce development and economic competitiveness. https://www. collegesinstitutes. ca/news-centre/news-release/colleges-and-institutes-canada-supports-caricom-regional-tvet-strategy-strengthening-skills-for-employment-and-competitiveness/

三、建立职业技术教育与培训系统

"教育就业计划"对原有的区域职业技术教育与培训战略做出了大范围的调整，形成了新的培训系统，成为区域内人力资源发展计划的基石。该系统由各成员国的国家培训机构和其他国家监督机构组成，由教育和劳动力发展的各部门联合负责，提供基于加勒比职业资格标准的劳动力培训和认证。整个职业技术教育与培训系统是一个基于能力的多层次框架，将职业资格框架与普通教育系统相关联，并与高中到大学的各个机构认证相联系。在区域层面，加勒比国家培训机构协会负责协调各成员国的国家培训机构并向加共体报告。在国家层面，作为职业技术教育与培训协调和促进机构的各成员国国家培训机构，负责汇集整合不同的职业技术教育与培训机构和制度从而建立衔接"教育就业计划"的职业技术教育与培训的各部门以及各部门、组织和机构之间的职能联系（见图 7.1）。

四、建立劳动力市场信息体系

在当今社会，准确及时地搜集和整理信息对于劳动力市场的发展至关重要。尽管加共体各成员国劳工部门都有相应的国家统计数据，但是这些数据更多是倾向于在宏观层面追踪历史趋势，而在微观层面却难以提供有价值的信息。进一步而言，职业技术教育的发展需要劳动力市场"智能"地提供信息，需要详细地了解不同时期不同工作岗位所需的技能内容。因此，除了拥有人口和就业信息

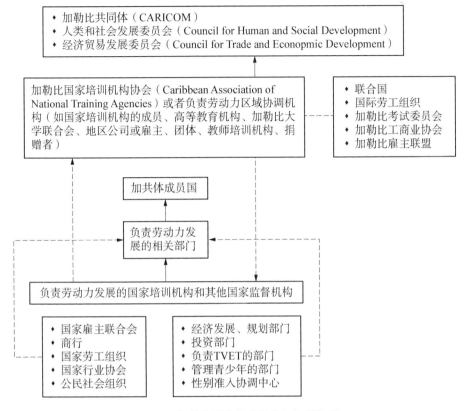

图 7.1　加共体职业技术教育与培训体系

资料来源：CARICOM education for employment program：CARICOM Regional TVET strategy for workforce development and economic competitiveness. https://www. collegesinstitutes. ca/news-centre/news-release/colleges-and-institutes-canada-supports-caricom-regional-tvet-strategy-strengthening-skills-for-employment-and-competitiveness/.

之外，职业技术教育还需要获得有关国家和地区战略性投资重点的相关信息（如国家战略投资重点行业等）；来自国内外私营和公共部门投资界的信息；来自其他政府部门（如与重要经济部门有关的贸易、工业等相关部门）的信息；来自雇主的关于当前和未来需求的信息。① 基于此，"教育就业计划"指出为职业技术教育收集劳动力市场信息应该运用以具有定制性质的行业化方法来发展一种"即

---

① CARICOM. Education for employment program：CARICOM Regional TVET strategy for workforce development and economic competitiveness. （2014 - 9 - 23）［2018 - 4 - 20］［EB/OL］. https://www. collegesinstitutes. ca/news-centre/news-release/colleges-and-institutes-canada-supports-caricom-regional-tvet-strategy-strengthening-skills-for-employment-and-competitiveness/.

时且优质"的劳动力市场信息体系,需要由行业资深从业人员在充分考虑教育、行业和政府各个因素的基础上确定劳动力市场的需求。因此,这样的信息更具实用性和准确性。具体而言,建立劳动力市场信息体系需要由每个成员国的国家培训机构协调来自经济部门的当地劳动力市场信息的收集,为决策和政策建议提供相应的信息。随后由加勒比国家培训机构协会负责建立加共体区域内的劳动力市场信息库。与此同时,还需要各成员国的国家培训机构与各行业相结合,选择相应的劳动力市场以指导具体的项目规划。[①]

五、提供职业指导和就业咨询

职业技术教育与培训不同于普通教育,其成本高且资源稀缺,因此如何帮助学生做出正确的职业选择显得至关重要。职业指导就是帮助学生进行正确职业选择、纠正当前劳动力市场不平等的有效手段之一。职业指导不仅适用于学龄儿童和青年,同时适用于一切现有的劳动力,包括失业者、老龄人口、对当前所从事工作不满的青年等。在"教育就业计划"实施之前,加共体成员国除了特立尼达和多巴哥建立了人力资源评估中心(Workforce Assessment Centers)之外,极少有其他成员国采取措施系统地将职业指导和就业咨询纳入教育体系之中。即便部分成员国采取了一定措施进行职业指导,也存在着持续时间短、职业指导顾问专业性差等诸多问题。基于此,"教育就业计划"指出在加勒比地区通过建立劳动力评估中心能够有效实现对现有劳动力的职业指导,即根据所掌握的人口和劳动力市场需求信息,通过各类学校为在校生提供职业指导服务,通过劳动力评估中心的职业指导顾问对失业者及残疾人士提供职业指导培训,最终实现职业指导服务的全覆盖。同时,"教育就业计划"建议职业指导应当在学校体系强制性实施,并采用三层模式在各个年龄段进行指导。在小学阶段,通过探索所处社区的工作环境培养学生职业意识;在初中阶段,通过帮助学生认识自己感兴趣的职业或者自己擅长的职业才能进行初步的职业探索;在高中阶段,通过培训或者实习帮助学生进行职业准备。通过三层模式,全过程、持续性地对学生进行职

---

① CARICOM. Education for employment program: CARICOM Regional TVET strategy for workforce development and economic competitiveness. (2014 - 9 - 23) [2018 - 4 - 20] [EB/OL]. https://www. collegesinstitutes. ca/news-centre/news-release/colleges-and-institutes-canada-supports-caricom-regional-tvet-strategy-strengthening-skills-for-employment-and-competitiveness/.

业指导和就业咨询，以保证学生进行正确的职业选择。除此之外，"教育就业计划"指出还可以通过开展诸如职业展览会、加勒比青年科学论坛、职业日、导师计划、技能竞赛等活动进行职业指导服务。①

六、强化职业技术教育师资培训

随着职业技术教育未来在加共体内地位的提升，将需要大量知识渊博、技术熟练的职业技术教育教师以及完善的系统和机制来适应职业技术教育教师的招聘和培训。职业技术教育教师的招聘一直是加共体成员国家建设职业教育体系的一个挑战，即便在欧美等发达国家也是如此。职业技术教育教师的薪酬较低、福利较少等因素导致很难吸引较高层次的专业人士，这也是加共体各成员国建立职业教育体系所面对的难题。"教育就业计划"强调理想的职业技术教育教师一方面需要相应的教学能力，另一方面还需要具有相关职业领域的知识和技能，拥有该领域的相关职业资格证书。因此，现有的职业标准和加共体职业资格证书需要经过职业技术教育教师和评估员的审查和批准。具有相应职业技术水平和教学资质的申请者可以选择教育学和其他职业技术教育相关的主题进行模块化自主培训，通过培训即可成为职业技术教育的师资。通过标准化、系统化的招聘和培训，保证教师的专业性从而保障职业技术教育良性发展。

七、实现职业技术教育经费多样化

世界各国在逐渐认识到职业技术教育对提高劳动力的市场竞争力具有重要作用的同时，也认识到单纯靠政府投入已经无法满足职业技术教育的飞速发展。在日益复杂和瞬息万变的世界中，发展具有高水平的职业技术教育必须提出创造性的解决方案。现在越来越多的国家开始寻求建立公私伙伴关系（Public Private Partnership，简称PPP），利用市场和政府的资源共同支持职业技术教育的发展。在PPP模式中，职业技术教育不再局限于教育或劳工部门。能源、矿业、交通运输、工业和农业等行业部门以及投资合作伙伴和有兴趣发展其劳动力的特定行业

① CARICOM. Education for employment program: CARICOM Regional TVET strategy for workforce development and economic competitiveness. （2014 - 9 - 23）［2018 - 4 - 20］［EB/OL］. https://www. collegesinstitutes. ca/news-centre/news-release/colleges-and-institutes-canada-supports-caricom-regional-tvet-strategy-strengthening-skills-for-employment-and-competitiveness/.

组织和工会也可以在所关心的职业教育问题方面有所作为。除了建立行业合作伙伴关系之外，职业技术教育与培训还必须更有效地利用现有资源。职业技术教育向来在教育财政预算中处于劣势，面临资金不足的困境。即便政府部门能够认识到职业技术教育的重要性，但投入的预算往往不能反映发展职业技术教育的迫切性。在加共体众多成员国中，职业技术教育的管理被分散在几个政府部门之间，没有独立的监督机构，更没有合理化的资源分配。这使得国家职业培训委员会难以规划出一个反映劳动力市场需求的连贯性的职业认证体系。所以，各级职业教育机构都希望可以拥有更大的自治权，可以对自己的资源管理有更多的主动权。因此，"教育就业计划"提出提高职业技术教育发展优先级，以反映职业技术教育对劳动力发展和经济竞争力的重要性。为了促进职业技术教育经费多元化，该计划在鼓励建立和支持职业技术教育的公私伙伴关系的同时，还进一步通过公私合作伙伴关系建立卓越中心（Centers of Excellence），并与国家的经济优先事项相联系。①

　　"教育就业计划"根据以上七个方面的内容制定具体实施步骤，明确了在每个实施步骤中五个参与主体的具体职责并以季度为单位细化了实施的具体时间表。根据加拿大大学与学院联合会（Colleges and Institutes Canada）在 2017 年 12 月公布的 2013—2017 年加共体"教育就业计划"实施成果数据来看，该计划在加勒比地区职业技术教育领域所取得的成绩非常突出。在短短四年内，已有 12 个国家制定了本国职业技术教育的发展行动计划，超额完成了在加强职业教育地区合作与劳动力认证方面的预定目标。共有 8 个国家开始由国家培训机构颁发加共体的劳动力资格证书，还有 14 个国家已经做好了实施加共体劳动力资格证书制度的准备工作。据统计，各方利益相关者对加勒比区域内职业教育协调发展的满意度高达 83％。② 职业技术教育的毕业生数量实现了大幅度增长，

① CARICOM. Education for employment program: CARICOM Regional TVET strategy for workforce development and economic competitiveness. （2014 - 9 - 23）［2018 - 4 - 20］［EB/OL］. https://www.collegesinstitutes.ca/news-centre/news-release/colleges-and-institutes-canada-supports-caricom-regional-tvet-strategy-strengthening-skills-for-employment-and-competitiveness/.

② CARICOM. Education for employment program: CARICOM Regional TVET strategy for workforce development and economic competitiveness. （2014 - 9 - 23）［2018 - 4 - 20］［EB/OL］. https://www.collegesinstitutes.ca/news-centre/news-release/colleges-and-institutes-canada-supports-caricom-regional-tvet-strategy-strengthening-skills-for-employment-and-competitiveness/.

雇主对毕业生的满意度高达百分之百。在基于能力本位教育培训项目方面，训练的教师数量达到 283 人，远超出 2018 年所制定的目标 64 人。通过公私伙伴关系开发的新项目达到 21 个。[①] 根据国际劳工组织在 2016 年公布的数据，加勒比地区的生产率由 2014 年的负增长逐渐回升，2016 年贫困就业比率由 2013 年的 9.6% 降低至 8.1%。[②] 总体来看，加共体"教育就业计划"在实施的四年里效果显著，极大促进了整个区域职业技术教育的发展，建立了相应完整的职业教育系统。"教育就业计划"的实施为加勒比地区培养了大量优质劳动力，对提高加共体成员国的劳动生产率、改善收入不平衡和失业问题产生了重要推动作用。

第三节　加勒比共同体"教育就业计划"的特点

一、结合本地区现实情况，吸取发达国家职业教育经验

加共体"教育就业计划"虽然是由加勒比国家培训机构协会发起，但是由加拿大社区学院协会和加拿大国际开发署作为受委托方联合制定。因此，"教育就业计划"有着浓厚的加拿大职业教育风格。加拿大作为职业教育强国，拥有较为完善的职业教育体系和丰富的职业教育经验。加拿大本国的职业教育体系内的诸多特点均在"教育就业计划"中有所体现。加拿大职业教育体系强调与社区、企业结成紧密的合作伙伴关系，能力本位的职业教育理念与以行业需求为核心的课程开发体系应用于加共体的"教育就业计划"之中。由此可见，加共体充分考虑到了成员国众多且以单一市场经济体应对市场竞争的经济发展现状，以及区域内劳动力自由流动的诉求与协调各国职业教育的现实需要。"教育就业计划"在充分吸收国际先进经验的同时，还满足了地区发展的实际需要，创新地提出了以劳动力资格认证为核心的职业教育体系。

① CARICOM. Education for employment program: CARICOM Regional TVET strategy for workforce development and economic competitiveness. （2014 - 9 - 23）［2018 - 4 - 20］［EB/OL］. https://www. collegesinstitutes. ca/news-centre/news-release/colleges-and-institutes-canada-supports-caricom-regional-tvet-strategy-strengthening-skills-for-employment-and-competitiveness/.

② Colleges and Institutes Canada. CARICOM education for employment factsheet［EB/OL］. （2018 - 3 - 31）［2018 - 5 - 19］ https://www. collegesinstitutes. ca/resources/? fwp _ search _ by _ keyword = caricom.

二、以市场为导向，与行业建立紧密伙伴关系

"教育就业计划"提出职业技术教育的发展必须要以市场为导向，培养符合市场需求的劳动力。形成以行业需求为核心的课程设置体系和人才培养机制，有利于通过促进劳动力就业来提高市场竞争力，进而推动整个区域经济的发展，同时又可以反作用于职业技术教育，促进其随着行业的发展不断进步。"教育就业计划"强化了政府与行业之间的紧密伙伴关系，凸显了发展职业技术教育不再是教育部门的唯一权限，而是各行业部门、投资合作伙伴、社会行业各个群体的共同参与。"教育就业计划"的实施形成了全社会关注和促进职业技术教育发展的良好氛围，一方面为职业技术教育的发展提供更加充分的资金支持，另一方面加共体职业教育承担行业发展的诸多任务，促进了行业形成更加全面的商业模式，例如方案规划、评估和审查、劳动力市场分析、行业需求评估等。加之"教育就业计划"提出建立基于行业发展的劳动力市场信息体系，以确定劳动力市场现在和未来的需求，从而更加科学合理地制定职业教育发展计划。

三、以职业资格认证体系为职业教育体系核心

加共体目前包含 15 个成员国，5 个准成员国，并以单一市场经济体参与市场竞争。区域经济一体化的发展必然要求加共体内需要高度自由流动的劳动力。因此，"教育就业计划"是一个以职业资格认证体系为核心建设的职业教育培训体系。加共体通过建立一个标准化的认证体系，以促进加勒比地区劳动力的自由流动。同时，"认证文化"的建设可以推动职业技术教育的社会接受度和普及化。目前职业教育难以摆脱弱势地位，一个重要原因就是现有的教育体制有意无意在引导学生选择普通教育而视职业教育为第二选择。因此想要推广职业教育，就需要形成"认证文化"，以提高职业教育的吸引力。加共体建立职业资格认证体系以及将职业资格认证体系与普通教育体系相结合，在为劳动者提供更加多样化的教育选择的同时吸引更多学生和社会人士接受职业教育培训，从而培养更多的优质劳动力，推动本地区经济和社会发展。

加共体的"教育就业计划"立足于成员国的经济及劳动力发展现实，积极借鉴世界职业教育发达国家的成功经验，以职业资格认证体系为核心，多角度全方面协同发展职业教育与培训，致力于提高区域劳动力发展水平以及区域内自由

流通，从而提高经济竞争力。加共体"教育就业计划"的实施，对于世界范围内其他国家和地区的职业教育区域发展具有借鉴作用。我国 1985 年出台的《中共中央关于教育体制改革的决定》指出要"逐步建立起一个从初级到高级、行业配套、结构合理又能与普通教育相互沟通的职业技术教育体系"，[①]到 2010 年颁布的《国家中长期教育改革和发展规划纲要（2010—2020 年）》中明确提出"形成适应经济发展方式转变和产业结构调整要求、体现终身教育理念、中等和高等职业教育协调发展的现代职业教育体系"，职业教育与培训在经济发展和教育体系中的地位和作用越来越突出，发展越来越完善，但也存在着一定的问题。[②] 加共体的"教育就业计划"以市场需求为导向，建立职业教育体系认证框架、劳动力市场信息体系以及拓展职业教育经费来源等措施对当前中国职业教育提高职业各阶段连贯性、建立职业教育终身学习体系、促进产教融合等方面有启示作用。同时"教育就业计划"积极吸收国际先进职业教育经验，建立职业教育区域协同体系等举措，对于我国在"一带一路"倡议的时代背景下，打造"一带一路"职业教育共同体、帮助沿线国家发展职业教育以及培养服务于"一带一路"的高水平劳动力具有借鉴意义。

---

① 国务院. 中共中央关于教育体制改革的决定［Z］. 北京：中华人民共和国政府，1985.
② 国务院. 国家中长期教育改革和发展规划纲要（2010 年—2020 年）［Z］. 北京：中华人民共和国政府，2010.

第八章

提升数字技能：澳洲职业教育人才培养的新动向

在大数据、人工智能、机器学习等数字技术变革的推动下，数字经济正在全球范围内迅猛发展。我国在"十四五"规划和 2035 年远景目标纲要中首次将"数字化"这一趋势作为专篇论述，指出数字经济建设的关键在于加快传统产业数字化转型和新兴产业数字化崛起。[①] 数字技能人才赋能数字经济转型升级，是数字化发展的重要推动力。数字经济产业刻画数字技能人才形象，数字技能人才助推数字经济产业发展，形成人才链与产业链的有机结合。为发挥高素质数字技能人才的引领作用，加快培育和发展战略性新兴数字经济产业，澳大利亚政府将视野投向职业教育中的数字技能培训，力图培养一批熟练化的数字技能人才队伍。本章重点分析澳大利亚数字技能人才培养的新动向，旨在为我国数字经济浪潮中抢占数字人才机遇提供有益的经验和启示。

第一节 澳大利亚数字技能人才培养的动因

数字经济发展带来的迅猛变化导致一些新兴行业的劳动力市场供给与行业所需的技能脱节，带来了供需之间的差距。劳动者自身基础数字素养的落后性、

[①] 新华网.中华人民共和国国民经济和社会发展第十四个五年规划和 2035 年远景目标纲要[EB/OL].（2021 - 03 - 13）[2021 - 05 - 15] http://www.xinhuanet.com/2021-03/13/c_1127205564. htm.

职业教育人才培养无法预见的滞后性以及雇主对人才需求认识的不足加剧了差距的鸿沟。

一、新兴行业的劳动力需求供给不足

机器学习、云计算、虚拟现实等技术使得工作场景日益数字化，逐渐改变了传统商品和服务贸易的组织模式，催生出一大批新兴行业数字技能人才需求。技术的快速进步和劳动力需求结构的变化迫切需要一支具有数字技能的劳动力队伍。澳大利亚《数字脉搏》（*Digital Pulse*）报告指出，从 2018 年至 2024 年，澳大利亚的数字技术劳动力需求将增长 10 万名，平均年增长率为 2.3%。其中信息通信技术相关行业的数字技术工人数量增长最快，超过 80% 的数字技术劳动力增长将发生在信息通信技术管理和运营岗位，到 2024 年这些行业的对数字技术劳动力的需求将增加超过 4.3 万人。[①] 但相应的，这些行业的数字技能专业人才却持续供给不足。《海斯就业报告》（*Hays Jobs Report*）指出，澳大利亚数字人才缺口和技能短缺现象持续扩大，这很可能是雇主需要的技能和求职者拥有的技能越来越不匹配的结果。[②] 一方面，在接受调查的人力资源、技能和培训决策者中，超过一半的受访者对职业教育和培训毕业生的数字技能不满意，同时他们认为职业教育培训包和行业资格认证不足以满足行业数字技能要求；另一方面，近三分之二的雇主表示他们正面临着高技能人才需求的困境，应聘工作的毕业生群体在职业教育和培训中获得的数字技能远低于他们的预期。[③]

二、劳动者具备的数字素养水平偏低

澳大利亚经济发展委员会（Committee for Economic Development of Australia）的一份报告指出，数字技能正在成为一种新的基本技能，就像今天的

① Deloitte Access Economics. Digital Pulse 2019: booming today, but how can we sustain digital workforce growth? [R]. Australia: Australian Computer Society, 2019:14 - 17.

② Australian Industry Group. Developing the Workforce for a Digital Future [R]. Australia: National Centre for Vocational Education Research, 2018:57 - 60.

③ Gekara V, Snell D, Molla A, et al. Skilling the Australian Workforce for the Digital Economy. Research Report [R]. Australia: National Centre for Vocational Education Research, 2019:21 - 25.

阅读和写作一样,应该成为职场技能发展的核心部分。[1] 未来的劳动力市场要求所有参与者都应具备数字技能相关的知识和能力,以便他们在工作场所发挥积极作用,为雇主和经济发展创造价值。然而,基础数字素养水平的不足限制了澳大利亚劳动者数字技能的提升。世界经合组织发布的《成人技能调查报告》(*Survey of Adult Skills*)根据技能熟练水平将识字和计算能力从低到高划分为 1—6 六个等级,最低的一级水平代表成年人最多只能阅读简短的文字或理解基本的算数运算和百分比。[2] 在澳大利亚,约有 12.6% 的成年人识字水平仅达到 1 级或 1 级以下,有 20.1% 的成年人算术水平在 1 级或 1 级以下。基础的识字和计算能力是发展数字技能的基础,低技能的个体将无法顺利地接受技术和继续教育并且丧失获得更高阶数字技能的学习权利。此外,劳动者基础数字素养水平表现出两极分化的态势,初级职业工人(如生产工人)与熟练职业工人(如专业人员和技术人员)之间的识字水平差距为 40.4%。[3] 初级职业工人较低的数字认知水平将难以避免"弱者愈弱"的马太效应,不利于整体数字经济市场的健康运行和良好发展。

三、职业技能培训包滞后于时代需要

澳大利亚职业技能培训包(training packages)规定行业职业角色和工作任务所必需的行业知识和行为能力标准,涵盖了能力单元(units of competency)、技能集(skill sets)和资格证书(qualifications)三个部分,被广泛地应用于正式或非正式的注册职业教育培训机构(registered training organizations)。[4] 澳大利亚职业技能培训包涵盖了大量的数字培训内容,分布在不同的能力单位。虽然每项培训都包括大量的数字培训,但这些培训大多是基础数字素养水平较低的培训,无法满足当前数据分析、网络安全等行业对高级数字技能人才的需求。其中,有

---

① Joyce S. Strengthening skills: expert review of Australia's vocational education and training system [R]. Australia: Department of the Prime Minister and Cabinet, 2019:103.

② OECD. Survey of Adult Skills [EB/OL]. (2019 − 04 − 28)[2021 − 02 − 08] https://gpseducation. oecd. org/CountryProfile?primaryCountry=AUS&treshold=10&topic=AS.

③ OECD. Survey of Adult Skills [EB/OL]. (2019 − 04 − 28)[2021 − 02 − 08] https://gpseducation. oecd. org/CountryProfile?primaryCountry=AUS&treshold=10&topic=AS.

④ Department of Education, Skill and employment. Training Packages [EB/OL]. (2020 − 11 − 12)[2021 − 01 − 20]. https://www.dese.gov.au/training-packages.

8 个培训包的 211 个能力单元涉及专门的数字技能,但大多数与数字技能相关的单元归属于选修课程,不是职业资格认证的核心课程,因此只有 20% 的学生选修这些单元。① 虽然这为学生自主课程选择提供了较大的灵活性,但数字经济的日益普及使得数字技能的重要性不断凸显,职业学校学生应将数字技能作为日后生活和工作的必修课。此外,数字技能培训包的更新度很低,有 35 个能力单元自 2005 年首次推出以来没有更新过,有 84 个能力单元自 2011 年以来没有更新过。② 技术更迭日新月异,职业教育培训如果不能实时追踪企业最新技术发展的线索,毕业生未来的就业形势将不容乐观。

四、雇主未明确具体数字技能的需求

澳大利亚劳动力委员会(Productivity Commission)指出,"无论是在护理行业记录日志,在零售行业接受订单,还是在加工厂操作设备,所有的劳动者都需要与数字技术互动的技能。"③虽然数字技能在所有工作环境中变得必不可少,但雇主还未明确意识到数字技能人才的重要性。大多数雇主认为员工只需要掌握最基础的技能,比如基本的计算机操作和基础数字素养。有研究对澳大利亚职业市场数据进行统计分析,发现在劳动力市场空缺的 1 708 个职位中,只有 204 个空缺职位特别提到了数字技能。④ 即便一些雇主已经有意识地认识到数字技能人才在数字经济时代的需求,但无法清晰地阐明他们的具体技能需求,一般只用"非常好""好""一般""基础"等模糊性词语表述对劳动者的要求。这使得劳动者无法准确接受职业信息要求,只能凭借其经验假定雇主所需要的技能标准,造成双方对同一职业技能水平理解不对等的现象。同时,雇主将数字技能的概念简单地窄化为使用数字工具或设备,对一些专业化的数字技能岗位只是简单地描述了期望员工能够使用和操作的工具。在新兴的数字经济中,工人不仅

① Gekara V, Snell D, Molla A, et al. Skilling the Australian Workforce for the Digital Economy. Research Report [R]. Australia: National Centre for Vocational Education Research, 2019:21 - 25.
② Innovation and Business Skills Australia. Digital skills cross sector project: case for change [R]. Australia: Department of Education and Training, 2017:3 - 7.
③ Wibrow B, Circelli M, Korbe P. VET's response to Industry 4.0 and the digital economy: what works [R]. Australia: National Centre for Vocational Education Research, 2020.
④ Hajkowicz S, Reeson A, Rudd L, et al. Tomorrow's digitally enabled workforce: megatrends and scenarios for jobs and employment in Australia over the coming twenty years [R]. Brisbane: Commonwealth Scientific and Industrial Research Organization, 2016:32.

需要在特定的环境中掌握特定的工具，还需要更高水平的数字思维、数字环境等整体性的数字能力。

第二节　澳大利亚数字技能人才培养的体系

为了应对数字技术发展带来的人才挑战，需要持续的职业教育培训来培育高水平的劳动力人才。因此，澳大利亚政府从顶层设计、标准制定、课程开发和技能认证等方面系统构建数字技能人才培养体系。

一、顶层设计：开展全方位的数字经济战略布局

澳大利亚科学与创新委员会（Innovation and Science Australia）在 2017 年出台《澳大利亚 2030：通过创新实现繁荣》（*Australia 2030：Prosperity Through Innovation Strategy*），旨在优先通过教育培训和劳动力技能升级项目应对不断变化的行业需求，从而促进行业创新。[①] 随后，澳大利亚工业、科学、能源和资源部于 2018 年相继推出《数字化经济战略——澳大利亚的科技未来》（*Digital Economy Strategy—Australia's Tech Future*）和《数字转型战略：2018—2025》（*The Digital Transformation Strategy 2018 - 2025*），[②]这两项战略更侧重于改善国家公共卫生领域和政府服务的数字技能需求（详见表 8.1）。

表 8.1　近年澳大利亚政府出台涉及职业教育数字技能提升的文件

政策文件	与数字技能人才培养相关内容表述
《澳大利亚 2030：通过创新实现繁荣》（2017 年）	● 技能问题是教育中占据高优先级的一部分 ● 加强职业教育和 STEM 教育，使人们具备 21 世纪核心素养中的数字素养技能 ● 加强对职业学校教师的培训和专业支持，以确保学生能尽早获得未来所需的数字技能

① Innovation and Science Australia. Australia 2030: prosperity through innovation [R]. 2017.
② Gekara V, Snell D, Molla A, et al. A scan of approaches taken by Australia to build the digital skills of the existing workforce in response to digital transformation of industry [R]. Australia: The Skills Training and Industry Research Network, 2020:56 - 102.

（续表）

政策文件	与数字技能人才培养相关内容表述
《数字转型战略：2018—2025》(2018 年)	● 聚焦政府服务的数字化转型 ● 转型的关键目标是"为人们和企业提供世界领先的数字服务所需的技能" ● 提出持续的劳动力数字化能力职业发展活动，包括研讨会、讲习班和职业指导
《数字化经济战略——澳大利亚的科技未来》(2018 年)	● 提高教育和培训系统的灵活性，使学生能够灵活地应对不断变化的行业数字技能需求 ● 有针对性地再培训和提高数字技能，帮助受自动化影响的失业工人过渡到新兴职业 ● 注意关键数字技能的不足，如数据管理和分析、云计算、数字设计、软件设计等

　　基于上述政策文件，澳大利亚政府于 2018 年成立了澳大利亚数据和数字理事会（Australian Data and Digital Council）和澳大利亚政府数字化转型机构（Australian Government Digital Transformation Agency），目的是推动数据和数字转型方面的跨政府合作，并为所有澳大利亚人提供更优质服务。[①] 同年，澳大利亚工业和技能委员会（Australian Industry and Skills Committee）成立工业参考委员会（Industry Reference Committee），提出澳大利亚人需要培养包括数字技能在内的未来技能。[②] 其目标是为职业教育学生提供他们在工作场所因数字化和自动化程度提高时所需的数字技能。在教育资金投入方面，教育和培训部在 2015 年批准"澳大利亚课程：数字技术"（Australian Curriculum：Digital Technologies），设立数字扫盲学校赠款（Digital Literacy School Grants）项目。[③] 为此，政府在 2016 年至 2018 的两年内拨款 400 万澳元用于数字基础能力扫盲。该项目最初的目标是支持基础水平的数字素养和设备使用技能的学习，但后来扩展到包括更高级的技能，如算法和计算思维、编码、数据合成和操作，以

① Wibrow B, Circelli M, Korbe P. VET's response to Industry 4.0 and the digital economy: what works [R]. Australia: National Centre for Vocational Education Research, 2020.
② Seet P S, Jones J T, Spoehr J, et al. The Fourth Industrial Revolution: the implications of technological disruption for Australian VET [R]. Australia: National Centre for Vocational Education Research, 2018：26 - 28.
③ Digital Literacy School Grants [EB/OL]. (2015 - 06 - 19) [2021 - 02 - 08]. https://www.education.gov.au/taxonomy/term/2091.

及设计和使用数字技术的能力。

为了确保澳大利亚人拥有未来工作所需的知识和技能,2019 年 12 月,澳大利亚政府宣布了新的国家项目——"未来基础技能计划"(*Foundation Skills for Your Future program*),该项目是国家技能委员会(National Skills Commission)颁布的"传授今天和明天的技能"(Delivering Skills for Today and Tomorrow)倡议的一部分。它旨在保障劳动者拥有基础的识字、算数技能,以防对更高阶的数字技能的学习产生负面影响。它明确规定通过正式的职业教育课程、强化算术技能的短期课程、工作场所提供的课程三种模式满足不同劳动者的需求,[①]帮助他们提高现有技能或重新学习新的技能,以便应对劳动力市场新兴职业角色的挑战,维持和获得有保障的就业机会,并接受进一步的教育和培训。

二、标准制定：设立不同层次的数字技能框架

澳大利亚《2019 年职业技能预测报告》(*2019 Skills Forecasts*)将职业技能中的数字技能(digital skill)分为两类,一是通识性的数字素养(digital literacy),二是与行业特定软件或技术相关的数字技能(digital competence)。[②] 澳大利亚政府面向不同需求的人群设立不同层次的数字技能框架,以帮助其获得相应就业资格。

2020 年 4 月,澳大利亚教育、技能和就业部发布了"数字素养技能框架"(*Digital Literacy Skills Framework*)(见表 8.2),将数字素养技能作为第六项核心技能增设到澳大利亚核心技能框架(Australian Core Skills Framework)之中,与其他基础技能如识字、算数相并列,强调数字素养是个体核心技能中的关键组成部分。在这个新框架中,数字素养是指使用数字技术实现个人目标、提高就业能力和支持教育和培训所需的技能。数字素养涵盖了数字设备的硬件操作和软件操作,以及在使用各种数字技术时搜索和导航、创建文件、通信、协作、批

---

① Deloitte Access Economics. Digital Pulse 2019: booming today, but how can we sustain digital workforce growth? [R]. Australia: Australian Computer Society, 2019:14 - 17.

② Badrick T. Industry Skills Forecast-2020 Update [R]. Australia: Industry Reference Committee, 2020:6 - 14.

判性思维、分析信息、解决安全和福祉问题的能力。① 根据场景的不同，"数字素养技能框架"进一步划分个人和社区、工作场所和就业、教育和培训三个领域，并列举真实生活中的示例活动指导相关级别的学习和评估任务。该框架不仅可以衡量个人的数字素养技能、描述与工作场所和就业相关的技能要求，还可以指导注册培训机构进行课程资源设计和开发，提供数字素养的审核和验证等。同时，数字素养技能的更新进一步整合了包含 6 大核心技能（学习、阅读、写作、口头交流、算术和数字素养）和 6 个能力水平（一级预科、一级、二级、三级、四级、五级）的"6×6"核心技能框架矩阵，为澳大利亚未来基础技能计划提供了可供识别和构建能力所需的数字技能工具。

表 8.2　澳大利亚数字素养技能框架

指标	指标 12　主动意识到自己是数字用户		指标 13　具备数字素养技能的知识、使用和应用	
领域	联系、交流与协作	数字身份和安全	数字技术和系统	访问、组织、展示和问题解决
一级预科 A	意识到存在不同的数字设备；意识到数字化交流的好处	意识到人们因为不同的目的进行数字连接；复制简单的风险保护代码	理解有限的数字设备维护；识别熟悉的数字符号	遵循口头或图形指令启动或停用数字工具；回应有限的数字符号
一级预科 B	理解数字设备的目的；使用有限的数字设备和软件	开始理解隐私的概念；学会简单的风险保护代码	理解熟悉的数字设备和软件的用途；维护数字设备的能力有限	使用数量有限的数字设备和软件应用程序；认识数字外设与屏幕动作的关系
一级	进行常见的数字活动；理解简短、清晰的数字任务	开始认识到自己的数字足迹及其持久性；应用非常有限的数字风险保护软件和隐私策略	识别一定范围的数字术语、符号和图标；熟悉网站和屏幕的基本布局；了解常见数字设备和软件的主要功能	检索简短的信息；创建新文件；数字定位；使用基本的故障排除策略；自适应技术来增强可访问性

---

① Foundation Skills for Your Future Program: Digital Literacy Skills Framework [R]. Australia: Department of Education, Skill and employment, 2020:15 - 16.

（续表）

指标	指标 12　主动意识到自己是数字用户		指标 13　具备数字素养技能的知识、使用和应用	
二级	使用不同种类的电子设备；理解有限的数字网络礼仪和惯习	理解安全信息和隐私的重要性；确保下载并更新安全保护软件	了解数字设备和系统的一些一般设计和操作原则；识别合适的数字系统，寻找即时信息	有效使用搜索引擎；熟悉数字符号和术语；了解数据管理系统和数字系统
三级	利用互联网进行通信和交易；理解数字网络礼仪对交流的影响	理解病毒防护软件；制定应对数字活动潜在负面影响的策略；理解在线安全以完成金融交易	利用数字技术解决新情境下的问题；确定有线和无线电子设备的连接方法；在设备之间用无线传输文件	下载安装软件应用程序；恰当的数字设备满足信息需求；用应用程序组织和显示信息；改进搜索结果

注：目前该框架只描述了三级之前的能力标准，四级和五级仍在开发当中。

在核心技能框架之外，澳大利亚政府还在积极开发劳动力数字技能资格框架（Australian Workforce Digital Skills Framework）来推进劳动力数字技能教育的改革，将技能的使用场景进一步聚焦到工作场所，专注于职后的数字技能构建。该框架包括四个维度：①工作中的数字工具；②数字化的工作方式；③数字化的思维方式；④生活在数字时代。劳动力数字技能资格框架清晰明确地表述了劳动者现在和未来在数字化工作场所当中所需要的数字技能的具体特征，弥补了雇主和劳动者双方对数字技能理解的不足。

三、课程开发：搭建不同群体的数字技能学习平台

首先，澳大利亚公立的职业教育学院（Technical And Further Education，以下简称 TAFE 学院）联合政府和企业等利益主体为学生提供长期连续性的、实践应用性的数字技能指导。在西澳大利亚州，当地政府和 TAFE 学院联合开发了专业化的数字技能培训项目及相配套的课程培训包。目前数字自动化课程已经在试点建设当中，以应对当下资源行业中劳动者自动化操作技能水平不足的问题。自主工作场所操作二级（Certificate II in Autonomous Workplace Operations）和自主控制和远程操作四级（Certificate IV in Autonomous Control and Remote Operations）的课程资源开发能够帮助职业学校定向培养资源行业

所需人才，在快速变化的行业环境中及时弥补人才缺口。① 新南威尔士州的TAFE学院数字实验室与企业合作，共同开发学生在机器学习、人工智能、机器人自动化、移动应用开发等领域的数字能力。② 学校不但开设前沿的数字化新兴课程，还在校内建设数字实验室，满足学生动手实践操作的需求，培养应用型数字技能人才。

其次，短期数字技能培训成为在职劳动者应对新兴技术冲击的有效手段。一些雇主已经意识到短期技能培训的重要性，向员工提供特定的培训机会。2019年国家职业教育研究中心统计数据显示，在国家职业系统培训之外，74%的雇主向雇员提供企业内部或外部机构培训的非正式培训。③ 随着工作背景和性质的快速变化，绝大多数劳动者往往更倾向于"升级技能"（upskilling），弥补现有技能的不足，而不是"重新发展技能"（reskilling）。因此，在国家正式的课程体系之外，一些非正式的短期数字技能在线培训课程平台也在建设当中，旨在满足特殊技能需求以提高劳动者技能。截至2020年3月，澳大利亚职业教育和培训国家登记册中有229门短期课程记录在册，其中81门与数字技能直接相关。④ 数字技能短期课程涵盖区块链、开发人工智能策略、云计算、加密货币，以及富士施乐打印机等内容。

最后，澳大利亚各州和领地的当地社区提供面向社区内成人的数字技能培训课程。成人和社区教育涵盖了成人职业所需的基础计算和数字技能课程，是成人学习者接受职前、衔接、初级和基础技能项目的重要途径。通过学习这些基本技能，弱势成人学习者能够获得就业所需的通用技能，并且能够进一步获得高级技能学习的机会。这些课程由职业教育和成人教育的各类组织，包括工人教育协会（Workers Education Association）、成人教育中心（Centre for Adult Education）、TAFE学院的成人和继续教育项目等支持，旨在发展与劳动者求

---

① Wibrow B, Circelli M, Korbe P. Incorporating digital skills into VET delivery [R]. Australia: National Centre for Vocational Education Research, 2020:3.

② Griffin T. Workforce-ready: challenges and opportunities for VET [R]. Australia: National Centre for Vocational Education Research, 2020.

③ Badrick T. Industry Skills Forecast-2020 Update [R]. Australia: Industry Reference Committee, 2020:6－14.

④ Candlefox education marketplace. Workforce Training [EB/OL]. (2021－02－16)[2021－02－16]. https://www.training.com.au.

职、创业相关的基本数字技能，服务于当地社区的经济发展。例如，信通（Infoxchange）和谷歌（Google）共同开发数字跳板项目（Digital Springboard programs），以便应对澳大利亚持续存在的数字技能差距。①

四、技能认证：拓展多样化的数字技能认证渠道

通过正式的国家资格证书和第三方非正式的行业协会和组织机构认证，澳大利亚为不同需求的劳动者提供了多样化可供选择的数字技能认证渠道。

澳大利亚国家学历资格框架（Australian Qualifications Framework）是澳大利亚在义务教育后国家统一认证并沟通中小学教育、职业教育和高等教育三大教育系统的资格证书体系。其中，包含职业教育系统的资格证书代表全国统一的、以达到行业能力标准为依据的、与工作岗位相对应的证书凭证。在中小学教育系统，各州和领地目前已经开发了：①有关信息、数字媒体与技术的证书Ⅰ、证书Ⅱ和证书Ⅲ；②电信技术、电信技术网络建设、运营和电信技术运营的证书Ⅱ和证书Ⅲ；③网络安全的证书Ⅳ；④信息技术系统管理、软件开发、网站开发、数据库设计和开发、数字和互动游戏、信息技术网络的文凭。② 在职业教育系统，公立 TAFE 学院的自主工作场所操作二级证书、远程操作四级证书旨在支持特定行业专业化数字人才的职业发展道路。在高等教育系统，由于"工业 4.0 高等学徒制计划"的推动，斯威本科技大学（Swinburne University of Technology）设置应用技术文凭（Diploma of Applied Technologies）和应用技术副学士学位（Associate Degree of Applied Technologies）以满足行业需要。③

数字经济市场的迅速增长要求教育和培训机构以及资格开发人员提供新型证书记录学习者多种形式的学习结果，以代替传统单一的国家资格能力证明。2019 年《澳大利亚资格框架最终审查报告》（*Review of the Australian*

---

① Digital springboard [EB/OL]. (2020 - 12 - 12) [2021 - 02 - 08]. https://www. digitalspringboard. org.au/digital-springboard-reaches-10000-people-across-australia.

② Gekara V, Snell D, Molla A, et al. A scan of approaches taken by Australia to build the digital skills of the existing workforce in response to digital transformation of industry [R]. Australia: The Skills Training and Industry Research Network, 2020:56 - 102.

③ Seet P S, Jones J T, Spoehr J, et al. The Fourth Industrial Revolution: the implications of technological disruption for Australian VET [R]. Australia: National Centre for Vocational Education Research, 2018:26 - 28.

Qualifications Framework Final Report）显示，在职业教育和培训方面，2015年至 2018 年非国家资格证书项目的认证人数增长了 31.2%。① 其中，微型证书（micro-credentials）是非国家资格证书项目的主要认证形式，它证明了个体在特定专业技能上的发展能力，在时间和资源有效配置方面被视为促进现有劳动力资格认证的有效方式。寻找工作的劳动者在完成课程培训和评估后，将会获得相应的数字微型证书并展示在赞许平台（acclaim platform）网页。② 该页面不仅列举了获得证书所需的能力标准，每个数字证书还将链接到特定技能的职业需求，以便为雇主在线获取应聘者的相关资质。这些微型证书由注册培训机构和行业内权威协会和组织给予支持和认证，如欧盟委员会（EC-Council）和项目管理协会（Project Management Institute）等，以便小规模人群的终身学习得到保障。例如，昆士兰州 TAFE 学院与政府合作共同提供免费的微型证书，③以便在新冠疫情期间支持企业和个人在数字扫盲基础知识、网络安全基础知识、数字数据基础知识、数据分析基础知识等领域的发展。

第三节　澳大利亚数字技能人才培养的经验

澳大利亚立足国内数字技能人才短缺的现实问题，在政府政策的主导下，将职业教育系统作为国家整体数字经济战略下的有机组成部分，着力提高人才培养的质量和水平，使教育承担起促进经济社会发展的重要使命。在这个过程中，社会各方利益主体协同参与，积极引导人才培养的质量规格与市场的需求导向相适应，共同构建互惠共利、合作包容的数字技能人才培养生态系统。与此同时，在具体人才培养的实践过程中，学校和其他教育培训机构突破传统的课程组织模式和技能认证方式，为数字技能创新人才成长的良好环境提供了有力的支持和保障。

---

① Noonan P, Blagaich A, Kift S, et al. Review of the Australian Qualifications Framework: Final Report 2019 [R]. Australia: National Centre for Vocational Education Research, 2019.

② VETASSESS. Digital badging [EB/OL]. (2021 – 02 – 16) [2021 – 02 – 16]. https://www.vetassess.com.au/home/updates/post/digital-badging-the-future-of-credentials.

③ TAFE-Queensland. micro-credential [EB/OL]. (2021 – 02 – 16) [2021 – 02 – 16]. https://tafeqld.edu.au/courses/ways-you-can-study/micro-credentials/index.html.

一、服务于国家整体数字经济战略

　　"拥有适当数字技能的劳动力,是澳大利亚在快速崛起的全球数字经济中竞争能力的关键组成部分".① 澳大利亚职业教育数字技能提升的相关政策服务于国家整体的数字经济战略。基于劳动力市场数字技能人才短缺的现实困境,联邦政府联合工业部、教育培训与就业部等部门联合推进数字技能人才的培养,以促进国家整体数字经济战略规划的达成。一方面,面对不同群体需求,有针对性地发展相关技能水平。对于一般工作场所中的劳动者,注重发展普遍通用的基础数字素养;对于学习阶段的学生,加强新兴技术相关的职业教育培训课程;而对于受产业升级影响下的失业工人,优先发展与工作机会相关的数字技能。另一方面,正确处理数字技能人才需求矛盾的主要方面。澳大利亚政府重点关注国家重点核心产业人才培养,加大在数据管理和分析、云计算、数字设计、软件设计等领域的数字技能人才支持力度,破解由于关键人才需求不足影响国家核心竞争产业增长乏力的困局。澳大利亚国家数字经济战略坚持人才先行的理念,加强数字技能人才培养体系建设。这不仅可以解决澳大利亚当前由产业升级换代带来的技能短缺问题,还可以储备一定规模的高素质、应用型数字技能人才体量,抓住第四次工业革命和即将到来的数字颠覆浪潮所创造的新机遇。

二、形成各方利益主体的良性互动

　　产业数字化转型与国家战略需要、行业技术发展、企业发展运作等联系紧密,决定了数字化人才培养生态体系须有多方主体参与。② 尽管澳大利亚政府为数字技能人才的教育和培训创设了有利的政策环境,但数字技能人才培养的职责仍要依靠所有利益相关者,包括企业雇主、学校、教育机构以及行业协会发挥积极的作用。学校职业教育培训是数字技能人才培养的主体力量,利用国家

① Loveder P. Australian Apprenticeships: Trends, Challenges and Future Opportunities for Dealing with Industry 4.0. Conference Paper [R]. Australia: National Centre for Vocational Education Research, 2017:43-44.
② 施锦诚,孔寒冰,吴婧姗,王雨洁. 数据赋能工程教育转型:欧洲数字化战略报告分析[J]. 高等工程教育研究,2021(1):17-23.

资格框架的"立交桥"通道，能够更好地整合中等教育和职业教育的教育资源。通过在普通中学阶段开设数字技能培训课程，为学生进入专业的职业教育领域提供了重要的学习途径，学生完成课程考核将获得相应的数字技能职业资格认证。企业、公司、行业协会、TAFE 学院、大学和其他职业教育注册培训机构组成大范围的"培训联盟"，并形成"企业＋TAFE 学院""企业＋大学""行业协会＋TAFE 学院"等紧密相关的利益共同体。行业协会、企业、公司根据自身行业所需技能的调查，反馈最新的职业发展动态和趋势，确定未来的技能人才需求。TAFE 学院、大学和其他注册培训机构合作设计与行业需求相关的培训项目，为劳动者提供合适的课程资源和实践环境，以培养满足雇主需求的数字经济高素质人才。

三、创新运用新兴技能认证手段

传统的劳动力技能认证形式一般是基于资格证书、学历文凭等的正式证书，劳动者需要在正规教育体系中通过足够长的时间完成学业任务，然后通过标准化的考试而获得。但在以信息技术为中心的数字经济时代，学习的时空界限不断延展，多样化的学习对象、多元的学习内容使得传统的正式证书体系难以适应社会需求。澳大利亚新兴的数字技能认证手段打破澳大利亚学历资格框架的垄断，旨在通过行业协会或各州 TAFE 学院权威的第三方微型证书弥补国家正式资格证书制度的不足，为劳动者给予多渠道的在数字化社会中学习、生活和工作的机会。新兴的微型证书在教育机构、求职者和雇主三方之间架起合作互助的桥梁，通过将一定的技能凭证转换为数字等价物，建立起灵活的、动态的、可溯源的数字认证系统。一是作为证书的"发布者"，在明确对学习成果评估的具体标准后，教育机构可以自主创建和生成多样化的数字徽章，得到雇主的认可。这种认可将激励更多社会性的教育机构广泛参与，拓宽学习者的技能成长空间。二是作为证书的"接受者"，求职者使用数字徽章展示自己的学习成果，有助于对自身的职业能力表现进行整体的评估，在查漏补缺中弥补相关职业技能的不足。三是作为证书的"核验者"，数字徽章的真实可验证性使得雇主有效规避劳动用工风险，保障企业人员资源配置的最优化。

第四节　澳大利亚数字技能人才培养对我国职业教育的启示

数字经济的发展态势不可小觑。《中国数字经济发展白皮书（2020 年）》显示，我国数字经济规模由 2005 年的 2.6 万亿元扩张到 2019 年的 35.8 万亿元，增长近 14 倍。[①] 同时，数字经济在国民经济中的地位不断攀升，数字经济对 GDP 增长的贡献率在 2019 年已达到 67.7%，成为我国应对经济下行压力的关键抓手。[②] 但是与澳大利亚的困境相似，我国数字经济的发展同样面临人才短缺的挑战，而且不同行业的数字技能人才分布十分不均衡。[③] 澳大利亚政府紧抓数字经济风口的机遇，大力发展职业教育对人才培养的作用，针对本国实际制定前瞻性、整体性的职业教育数字人才培养体系。虽然目前该人才培养方案还在不断推进当中，还无法对其现有的举措进行有效性评估，但这种人才优先发展的意识和体系构建仍然为数字经济时代下我国职业教育的数字人才培养提供一些启示。

一、将数字技能作为学校教育的必修课

数字技术的变革加快了某些职业"空心化"的步伐，因此数字化工作转型要求劳动者需要具备必要的数字技能来适应工作情境和工作方式的变化。职业教育与培训系统与劳动力市场的供给紧密相关，需要变革学生数字技能的人才培养方案，以应对数字技术发展带来的变化速度。澳大利亚将数字技能纳入国民核心技能框架当中，要求数字技能成为所有国民的基本能力。作为一种跨专业的综合能力，我国应将数字技能作为学校教育的核心组成部分，与信息通信技术、计算机科学等专门的学科课程相区分，以通识必修课程的形式强化学生数字技能水平。2021 年 3 月，我国教育部下发关于中等职业学校招生的通知，要求

---

① 中国信息通信研究院.《中国数字经济发展白皮书（2020 年）》[R]. 北京：中国信息通信研究院，2020：3-5.

② 中国信息通信研究院.《中国数字经济发展白皮书（2020 年）》[R]. 北京：中国信息通信研究院，2020：3-5.

③ 车伟. 数字经济带来就业市场新变化[N]. 社会科学报，2019-02-25.

在招生工作中坚持普职比例大体相当,[1]即50％的学生分流进入职业学校,这更加凸显了正规学校教育对未来劳动力市场的职业人才培养作用。我国应针对数字经济时代对人才培养的新要求,梳理职业教育培养的数字人才需具备的技能及素养,设立清晰明确的数字技能人才标准,将数字技能纳入正规学校教育的必修课。对个人而言,学习数字技能给予劳动者个体进入人才市场的通行证,帮助劳动者跨越数字鸿沟,在数字时代实现自我价值的需要。对国家而言,数字技能人才既是我国数字经济加速发展的重要驱动力,也是我国参与数字化国际竞争的重要资源支持。

二、把握数字技能人才发展变化趋势

虽然数字化的工作场景越来越多地采用最新的智能互联技术,但人才仍然是数字产业发展的核心。数字化时代的复杂性和不确定性,需要劳动者在工作场所获取经验和其他形式的教育培训,为终身学习做好准备。未来不是我们预测的,而是我们创造的。虽然我们很难确定未来确切的技能需求,但目前数字人才发展的趋势已较为明朗,相关技能系统必须快速适应新的技能人才培养需求。职业教育与培训由行业标准驱动,其核心是基于工作的学习。企业和行业协会要积极与教育和培训机构建立联系,反馈最新的行业人才需求信息,帮助教育和培训机构及时了解劳动力市场的需求。行业协会定期出台月度、季度报告对行业的情况做一总结,这种对行业动态的实时监测有助于较为准确地把握行业发展动态以及发展的预测。[2] 清晰的行业需求信息为教育课程提供"养料",以便学生能获得与未来工作相关的技能和经验,进一步促进产教融合式发展。学校既要"学数字化",即构建起多层次、立体化的数字教育体系,系统性学习数字化相关的课程内容,推广计算机编程、人工智能等课程,加强数字技能广泛学习;又要"用数字化学",即推进教学信息化技术建设,运用数字化教学管理系统,推动教学形式和教学方法的数字化转型,真正在职业教育课堂实践中助力数字技能的教学创新。

---

[1] 教育部. 教育部办公厅关于做好 2021 年中等职业学校招生工作的通知[EB/OL]. (2021 - 03 - 05)[2021 - 05 - 15] http://www.moe.gov.cn/srcsite/A07/moe_950/202104/t20210406_524618.html.

[2] Beddie F. Reviewing skills and knowledge: will the digital age mean a break with the past? [R]. Australia: National Centre for Vocational Education Research, 2020:4 - 6.

三、加强综合性的数字技能人才培养

近年来，随着大数据分析、社交媒体平台和移动设备的使用日益增多，数字技能的含义不断延展，从原先较为狭隘的技术性的层面发展到包含"认知、态度、社交和情感"等非技术性的层面。[①] 澳大利亚数字素养技能框架构建了全方位、整合性的数字技能框架，既涉及数字设备的使用、信息处理等较低工具能力水平的数字技能，还关注到数字交流惯习、数字安全意识等更高阶思维能力水平的数字技能，以加强综合性数字技能人才的培养。我国同样需要制定适宜的教学策略，满足数字化背景下复合人才发展的需求。基于数字化的背景对学生进行专业化培训，通过对数字工作环境中所需数字技能相关案例分析，使学生在具体情境中建立起对数字技能的综合性认知，以便他们有意识地在将来的学习生活中体会数字技能各个层面的含义。将数字技能的概念与实践相结合，引导学生进入企业真实的工作场景，加强数字技能运用的实践能力。同时，在数字技能人才培养的过程中，也要将数字技能与学生特定的专业相结合，引导学生思考不同专业背景下数字技能的发展重点，培养学生整体的职业技能观。

---

① Iordache C, Mariën I, Baelden D. Developing digital skills and competences: A quick-scan analysis of 13 digital literacy models [J]. Italian Journal of Sociology of Education, 2017, 9(1):6 - 30.

第九章

迈向现代化和可持续发展：印度职业教育的新变革

印度是当今世界经济增长最快的国家之一，属"金砖五国"之列。作为迅速崛起的新兴经济体，印度吸引着全世界的目光。随着综合国力的增强，印度社会经济发展对人才的需求也日益上升。人力资本理论指出，人力资本是凝聚在劳动者身上的知识、技能及能力；它是推动生产增长的主要因素，具有经济价值。[①] 印度虽然是人口大国，其数十年的发展也得益于雄厚的人力资源，但是实际上印度的人力资本十分短缺。高知识、高职业技能人才的缺乏已经成为社会经济发展的重要制约因素。印度"十二五"计划（2013—2017年）指出，印度雇主总是抱怨缺乏高技能人才，这一挑战需要在全印和各邦的层面加以解决，否则印度的人口红利终将丧失。[②]

为什么印度会出现人力资本短缺现象呢？可以从教育质量、劳动力市场和政策制度三个方面来考察。一是教育质量低下。教育是培养和提高人力资本的重要途径，但是印度的教育体系存在许多问题，导致教育质量难以保证。首先，印度教师队伍数量和质量不足。根据《义务教育法》规定，每个班级应该有两名合格教师，但是实际上很多学校只有一名教师。[③] 此外，教师缺乏专业培训和考

---

① 靳希斌. 人力资本理论阐释——兼论教育的人力资本价值[J]. 广西师范大学学报（哲学社会科学版），2003(03)：71-74.

② Twelfth Five Year Plan (2012 - 2017) Social Sectors [R]. New Delhi: Planning Commission, Government of India, 2018.

③ Chandra, M. The implications of contract teaching in India: A review [J]. *Policy Futures in Education*, 2015,13(2)：247-259.

核机制,很多教师没有相应的学历或证书。① 其次,印度教学资源匮乏。很多学校没有足够的课堂、图书馆、实验室、电脑等设施,也没有足够的课本、作业本、文具等用品。② 这些条件限制了学生的学习效果和兴趣。再次,印度教学方法落后。很多教师仍然采用传统的填鸭式教学法,注重知识灌输而不是能力培养。③ 这种教学法忽视了学生的个性差异和创造性思维,导致学生缺乏主动性和参与性。最后,印度教育评估不公正。很多学校使用标准化考试来评价学生的学习成绩,但是这种考试往往存在作弊、泄题、贿赂等不公平现象。④ 这些问题影响了学生的公平竞争和动力。

二是劳动力市场失衡。印度的劳动力市场存在供需不匹配的现象,即高技能人才供不应求,而低技能人才过剩。这一现象与印度经济结构转型和社会结构变迁有关。随着印度经济从农业向制造业和服务业转移,其对高技能人才的需求增加,而对低技能人才的需求减少。然而,由于教育体系和职业培训体系的不完善,印度无法及时培养和更新高技能人才,导致高技能人才短缺和低技能人才失业并存。⑤ 此外,由于社会结构变迁,如城市化、性别平等、社会流动等,印度劳动力市场也面临着新的挑战和机遇。例如,城市化带来了更多的就业机会,但也增加了竞争压力和生活成本;性别平等促进了女性参与劳动力市场,但也造成了家庭和工作之间的冲突;社会流动打破了传统的种姓制度,但也带来了新的身份认同和社会融合问题。

三是制度和政策缺陷。印度在制定和实施促进人力资本发展的制度和政策方面存在一些缺陷。例如,在教育方面,印度虽然制定了一些旨在提高教育普及

① Singh, A.K., Rind, I.A., Sabur, Z. Continuous Professional Development of School Teachers [C/M]. In: Sarangapani, P.M., Pappu, R. (eds) Handbook of Education Systems in South Asia. Global Education Systems(pp.1355 – 1380). Singapore: Springer, 2021.

② Byker, E. ICT in India's Elementary Schools: The Vision and Realities [J]. International Education Journal: Comparative Perspectives, 2014,13(2):27 – 40.

③ Chandra, M. The implications of contract teaching in India: A review [J]. *Policy Futures in Education*, 2015,13(2):247 – 259.

④ Ogunji, J. A. Examination Management And Examination Malpractice: The Nexus [J]. *Journal of International Education Research*, 2011,7(4):53 – 64.

⑤ Mehrotra, S. Quantity & Quality: Policies to Meet the Twin Challenges of Employability in Indian Labor Market [J]. Indian Journal of Industrial Relations, 2014,49(3):367 – 377.

率和质量的政策，如《义务教育法》，但是在执行过程中遇到了诸多困难和阻碍，如资金不足、监督不力、腐败滋生等。[1] 在劳动力方面，印度虽然拥有一套复杂的劳动法规，如《工业争议法》等，但是这些法规往往过于僵化、存在保护主义和歧视性，导致劳动力市场分割、效率低下和灵活性不足。在创新方面，印度虽然拥有一些支持科技创新的机构和计划，但是这些机制往往缺乏协调、激励和评估，导致创新投入和产出不成比例。[2]

综上所述，印度人力资本短缺的原因是多方面的，涉及教育、劳动力、创新等领域。要解决这一问题，印度需要从制度和政策层面进行全面和深入的改革，以提高人力资本的质量和效率。改善职业技能型人才短缺的状况需要不断发展职业教育体系。印度职业教育体系确立于 1968 年出台的《国家教育政策》，自此印度开始推行"10-2-3"学制（10 年基础教育、2 年高中教育和 3 年高等教育），同时职业教育学校体系得以形成，职业教育课程计划开始实施并不断完善，工读交替的人才培养模式被确立起来。[3] 在基础教育阶段，印度职业教育主要体现为旨在使学生获得基本技能和知识，培养职业意识和精神的劳动体验课程。在中等教育阶段，印度长期以来在高中实施普通教育和职业教育的分流，高中之前没有正规系统的职业教育和培训；因而中等教育，尤其是高中阶段是整个职业教育的主体。在高等教育阶段，印度学士学位职业教育始于 2014 年大学拨款委员会提出在普通高等教育中设置职业学士学位。[4]

中等教育作为印度职业教育的主体，是职业教育改革的重点。本章基于印度 2014 年 3 月公布的"新中等教育职业化计划"（Vocationalisation of Secondary and Higher Secondary Education），并结合该计划发布以来的多项具体改革举措，从分析计划提出的背景入手，进而阐释计划的主要内容和特点。

---

① Tyagi, L. K. A study on good governance in controlling corruption in education sector in India [J]. International Journal of Society Systems Science, 2019,11(3):209-217.

② Menon, K. New Labor Law in India: In Favor or Against Those it is Meant to Benefit? [EB/OL]. [2023-07-11]. https://www.americanbar.org/groups/labor_law/publications/ilelc_newsletters/issue-spring-2023/india/.

③ 王为民. 印度职业教育体系建构的历程与策略[J]. 中国职业技术教育,2013(36):50-53.

④ 王丽华. 印度现代职业教育体系及其特征[J]. 职业教育研究,2015(10):87-92.

第一节　印度"新中等教育职业化计划"提出的背景

一、1988 年"中等教育职业化"实施以来的瓶颈

中等职业教育是印度职业教育的主体，对立刻进入职业市场或继续接受更高等级的职业教育和普通教育的毕业生都有极其重要的意义。早在 1966 年，印度教育委员会首次提出了"中等教育职业化"的主张，但在之后很长的一段时间内这一主张并未得到落实。1986 年《国家教育政策》制定了更加具体的实施目标，即到 1995 年职业教育课程要覆盖 10％的高中学生，到 2000 年覆盖率要进一步提高到 25％。① 之后，印度开始实施"中等教育职业化"（Vocationalisation of Secondary Education）计划，开展中等职业教育的学校达到 10 000 所，覆盖100 万学生，中等职业教育的规模得到扩大。

但是，1988 年"中等教育职业化"计划实施二十多年来遭遇了种种瓶颈，制约了印度职业教育的进一步发展。第一，中等职业教育的规模仍然不足，而且女性接受职业教育的比例尤其低。联合国教科文组织 2017 年发布的教育质量监控报告显示，2015 学年印度中等教育阶段所有入学人口接受技术和职业教育的人数比例仅为 1％，其中男性为 2％，女性则仅为 0.5％，而同期世界的平均水平为 10％，其中男性为 11％，女性为 9％。② 可见印度中等职业教育的规模远远低于世界平均水平，且男女分布极不均衡，成为掣肘印度发展的一大原因。第二，"中等教育职业化计划"实施过程中资金短缺，且各邦负担过多经费，联邦政府经费支持力度不足；第三，优质教师资源缺乏，教师培训和再培训不足；第四，学制和课程设置灵活性不足，与社会需求脱节，与产业联系不足；第五，在"中等职业教育计划"下，印度职业教育体系的流动性较弱，这在纵向上表现为中等职业教

① Ministry of Human Resource Development, Government of India. National Policy on Education, 1986 [EB/OL]. [2018 - 02 - 25]. http://mhrd. gov. in/sites/upload_files/mhrd/files/document-reports/NPE86-mod92.pdf.

② UNESCO. 2017/8 GEM Report-Accountability in education: Meeting our commitments [R]. Paris: UNESCO, 2017.

育与基础教育阶段和高等教育阶段的职业教育相对孤立，在横向上表现为职业教育与普通教育之间缺乏沟通连接；第六，整个"中等教育职业化计划"缺乏独立的管理机构，缺乏中央政府的长期调控，监管不足。

这些问题直接导致了印度中等职业教育的质量不高，其毕业生难以为就业市场接受。英迪拉·甘地发展研究机构的一项研究表明，印度 15～29 岁年龄段内受过职业教育的青年人的失业率已经达到了 11%，远远高出整个适龄劳动力群体的失业率；而未接受中等教育的人群的就业率反而比受过中等及以上教育的人群的就业率高，可见印度教育和培训体系并没有为进入职业世界的年轻人做好充分的准备。[1] 除了可雇佣性低以外，印度中等职业教育的低质量还体现为职业教育院校毕业生工资水平不高。[2] 中等职业教育面临的瓶颈使其无法在印度社会经济发展中发挥良好的助推作用，反而成为重要的制约因素。突破这些瓶颈成为摆在印度职业教育发展面前的关键议题。

二、国家职业教育资格框架对中等职业教育提出新要求

2012 年，印度人力资源开发部公布了国家职业教育资格框架（National Vocational Education Qualifications Framework, NVEQF），设定了 12 个技能层级及各个层级所对应的职业教育与普通教育的证书、学位（文凭），自此职业教育体系中也有了与普通教育中硕士、博士学位相当的文凭。框架规定无论采取什么样的学习形式，学员只要能够通过某一层级的认定便可获得相应的学分、资格证书和学位（文凭）。国家职业教育资格框架还制定了各个职业角色（Job Roles）的国家职业标准，明确了各个技能层级在工艺要求、职业知识、职业技能、核心技能和责任等方面的规定。框架建立了先前学习认定（Recognition of Prior Learning, RPL）制度，在基础教育的五年级和八年级分别设定两个先前学习认定层级，通过认定的学员可以获得相应证书，这一制度有利于学习者技能的持续累积和提升。通过制定各个层级所需达到的技能学习学时和理论学习学时，一个完整的学分框架被构建起来。学分可以累积，为进入更高层级的教育机

---

① Agrawal, T. Vocational education and training in India: challenges, status and labour market outcomes [J]. Journal of Vocational Education & Training, 2012,64(4):453-474.

② 韩静，张力跃. 经济强劲背后的冷思考——印度职业教育发展困境及其政府改革措施[J]. 职业技术教育,2016,37(09):68-73.

构做准备；职业教育的学分和普通教育的学分之间可以互换，学生可以凭学分在两个系统中流动。如果招生学校认为学员在某些方面的能力不足，可以提供相应的"桥梁课程"，即为那些在普通教育与职业教育之间转换的学生提供针对性的适应课程。框架还促进职业教育与产业界合作，联合进行课程开发与师资培养。①

通过学分累积与转换、资格互认和桥梁课程，印度职业教育实现了纵向上不同层级的职业教育之间的贯通，以及横向上职业教育与普通教育的融通，进一步促进了职业教育体系的完善。同时，国家职业标准的出台和管理也有利于职业教育质量的提高。国家职业教育资格框架对于印度职业教育体系的发展意义重大，要落实框架的理念，与其实现对接，就必须对印度中等职业教育体系计划做出相应的改革。

印度社会经济高速发展，国际竞争日益激烈，人们对职业导向的教育的需求不断增强，而1988年"中等教育职业化"计划实施以来却遭遇了严重瓶颈。2011年，印度改原来的"中等教育职业化"计划为"高级中等教育职业化"（Vocationalisation of Higher Secondary Education）计划。② 2014年，为了将职业教育的范畴扩大到中等教育的各个阶段，并与国家职业教育资格框架实现对接，再次将其改为"新中等教育职业化计划"（后文简称"新计划"）。

第二节　印度"新中等教育职业化计划"的主要内容

新计划是一项中央支持计划（Centrally Sponsored Scheme, CSS），即中央给予各邦和直辖市政府财政资助，同时给予政府资助的或政府认证但不资助的私立学校以财政激励。此外，该计划也是印度自2009年来实施的"普及中等教育计划"的一部分。

---

① Ministry of Human Resource Development, Government of India. National Vocational Education Qualifications Framework (NVEQF) (Executive order) [EB/OL]. [2018 - 02 - 26]. http://mhrd.gov.in/sites/upload_files/mhrd/files/executive-order.pdf.

② Ministry of Labour & Employment, Government of India. Revision of the scheme of "Vocationalisation of Higher Secondary Education" [EB/OL].

新计划旨在为国民经济和全球市场多样的行业领域准备受过教育的、可雇佣的、有竞争力的人力资源。具体而言，其目标包括：第一，通过需求驱动的、能力本位的、模块化的职业教育课程提高青年的可雇佣性；第二，通过提供多入口、多出口的学习计划，提高纵向流动性，建立资格互换，保证青年的竞争力；第三，填补职业教育与就业市场之间的鸿沟；第四，减少中等教育阶段的辍学率，减轻学术高等教育的压力。新计划主要包括以下几个方面的内容。

一、重新评估人力资源需求

新计划指出资源需求评估是人力资源发展规划的第一步。只有有效地分析当今印度社会存在的技能差距，才能在此基础上有针对性地选择学校职业教育课程中应涉及的职业角色，从而使职业教育更好地服务于个人和社会的发展。计划指出，职业教育所涉及的职业角色的选择必须结合产业需求及父母、学生的期望。在国家层面上，由国家技能发展公司（National Skill Development Corporation）制定方向性的职业角色清单，各邦和直辖市政府以此为依据，并根据自己的实际情况，与当地产业进行协商确定。①

2017年5月，印度劳动与雇佣部公布了最新的职业角色清单，共包括农业、旅游业和酒店管理、服装、安保、食品加工、物流、电子产品和硬件、医疗保健、零售、信息技术、汽车、管道工、建筑、媒体和娱乐、金融服务和保险、通讯、能源、宝石和珠宝、美容养生等19个行业，其下又细分为100个职业。② 从这份清单可以看出，印度中等职业教育涉及的领域比较齐全，以服务业为主，与社会需求结合较为紧密。

二、实施以能力为本位的模块化课程

如上文所述，长期以来印度在高中十一、十二年级之前并没有正规系统的职业教育课程。印度劳动和就业部2016年发布的教育数据概览显示，印度小学阶

---

① Ministry of Labour & Employment, Government of India. Revision of the scheme of "Vocationalisation of Higher Secondary Education" [EB/OL]. [2024 - 015 - 08]. https://www.education.gov.in/sites/upload_files/mhrd/files/revised-scheme.pdf.

② Ministry of Labour & Employment, Government of India. The scheme of Vocationalisation of Secondary and Higher Secondary Education-List of job roles [EB/OL]. [2018 - 02 - 21]. http://mhrd.gov.in/sites/upload_files/mhrd/files/upload_document/job_roles.pdf.

段的入学率为 96.9％，而初中阶段入学率降为 78.5％，高中阶段的入学率进一步下降至 54.2％。[1] 可见从初中到高中的过渡阶段是辍学高峰期，也就意味着有一大批学生初中毕业后直接进入了就业市场。如果这一部分人没有接受良好的职业知识和技能教育，他们将给劳动力市场带来极大的负面影响。因此，新计划将初中阶段也纳入职业教育范畴，规定参加该计划的学校都要至少开设两门职业课程；初中阶段职业课程可以是选修或强制课程，而在高中阶段，无论职业流或是学术流的学生都必须修职业课程。

各邦和直辖市职业教育的课程根据全国和当地的技能需求评估以及当地可用的资源决定，需上报人力资源开发部，并获得批准。课程内容包含职业理论和实践，比重随职业需求而改变。新计划主张课程设置以能力为本位，即以提高学生的能力为核心，为学生将来进入劳动力市场提供必要的知识与技能。同时，实施模块化的课程，学生通过学习每个单元获得相应的学分，学分可以累积，累积达到要求便可获取相应的证书，为升学或就业做准备。[2]

三、建立与国家职业教育资格框架相对接的资格认证体系

新计划实施的初衷之一就是要与国家职业教育资格框架实现对接。新计划规定职业教育的课程必须遵守国家职业教育资格框架的国家职业标准，行业技能委员会（Sector Skill Councils, SSCs）负责根据国家职业标准制定每门课程的全国通用标准，之后全印技术教育协会（All India Council for Technical Education, AICTE）和中等教育中央委员会（Central Board of Secondary Education, CBSE）咨询产业界后进一步完善，各邦可在此基础上结合地方需要适当调整。根据计划，每个专业在中等职业教育的四个年级分别设置了四个对应的等级（Level 1 – Level 4），九年级、十年级的学生修完课程并通过评估认证后，可相应地获得一级、二级的国家就业证书；十一年级、十二年级的学生修完课程并通过评估认证后，可相应地获得一级、二级的国家能力

---

① Educational Statistics-At a Glance 2016 ［R］. New Delhi: Ministry of Labour & Employment, Government of India, 2018.

② Ministry of Labour & Employment, Government of India. Revision of the scheme of "Vocationalisation of Higher Secondary Education" ［EB/OL］. ［2018 – 02 – 12］. http://mhrd.gov.in/sites/upload_files/mhrd/files/upload_document/REVISED-SCHEME-VHSE1.pdf.

证书。① 同时，每个学习层级的每个专业都会在行业技能委员会的建议下构建一套学分框架，学分可以积累和互换，这意味着学员可以凭借已获得的学分接受更高层次的职业教育，也可以在职业教育系统和普通教育系统之间自由转换，从而加强了职业教育体系纵横向的流动性。

新计划建立的资格认证体系使中等职业教育更好地融入国家职业教育资格框架之中，有利于更好地发挥中等教育在整个职业教育体系中的主体作用。

四、完善教师资格认证和评价提升教师质量

教师是在实际教学中解读、实施教育政策的关键人物，因而新计划十分重视教师的培训与评价，致力于提高中等职业教育的教师质量。计划规定，职业教育中央研究院（Pandit Sunderlal Sharma Central Institute for Vocational Education, PSSCIVE）出台各层次教师的资格要求，每学年结束时对教师的表现进行评价，是否留任与教学质量相关。产业可以提供资深的技能培训者作为职业教育的客座教师，一些涉及传统技艺和职业的课程甚至可以直接聘用没有正式资格认证的专业人士任教；多个学校设置同样职业课程的可以雇用"产业协调人"（Industry Coordinator），专门在师资问题上协调学校和产业间的关系。各邦和直辖市政府组织所有教师进行每年5天的常规在职培训；即将入职的教师必须接受20天的培训，如有特殊需要，可以延长为两个周期，每个周期时长两周；实施"培训者培训计划"（Training of Trainer Programme），由职业教育中央研究院组织培养一批优秀的教师培训工作者。②

2017年3月，劳动和就业部发布《录用高质量的职业教育培训者指导意见》，意见指出职业教育教师的选拔程序应包括考察专业知识的笔试，由专家小组和各邦政府代表主持考察被试者知识、兴趣与态度的面试，以及教室、车间或实验室中的操作测试。意见还强调必须保证职业教育教师接受20天的入职培

① Ministry of Labour & Employment, Government of India. Revision of the scheme of "Vocationalisation of Higher Secondary Education" [EB/OL]. [2018-02-12]. http://mhrd. gov. in/sites/upload_files/mhrd/files/upload_document/REVISED-SCHEME-VHSE1.pdf.

② Ministry of Labour & Employment, Government of India. Revision of the scheme of "Vocationalisation of Higher Secondary Education" [EB/OL]. [2018-02-12]. http://mhrd. gov. in/sites/upload_files/mhrd/files/upload_document/REVISED-SCHEME-VHSE1.pdf.

训，使他们在入职前充分理解新计划、掌握相关的教学方法；在职教师必须接受每年5天的常规培训，使他们了解领域内最先进的技术和最新的职业教育政策改革。此外，意见还对职业教育教师的职责及教师年度评估的标准做了详细规定。①

五、重视女性和特殊群体的职业教育

新计划特别重视保障女性和特殊群体接受职业教育的权利和质量，努力推进教育公平。印度于1986年颁布的《国家教育政策》就已指出，教育是从根本上改变女性地位的媒介，应该把重点放在提升女性在各个阶段的职业技术教育参与度上。②秉承同样的理念，在女性接受职业教育问题上，新计划指出应避免课程选择中的性别歧视，促进女性选择正规职业教育而不是非正规形式，鼓励她们选择就业导向强的课程，为将来迈入职场做准备而不是做传统的家庭妇女。同时为女性接受职业教育提供有针对性的指导和咨询；在就业和给予贷款时消除对女性的歧视。新计划的所有报告、数据都应以两性方式呈现。

该计划还强调中等职业教育要覆盖特别重点群体，如表列种姓（Scheduled Caste, ST）、表列部族（Scheduled Tribe, ST）、其他落后阶层、少数民族、穆斯林、贫困线以下的儿童、有特殊需求的儿童等，尤其重视在表列种姓、表列部族和少数民族聚居地区引入职业教育。学校还应该监督重点群体学生的出勤，为他们组织辅导班，并跟进他们的学习状况。针对有特殊需求的学生，新计划将与"中等教育阶段残疾人全纳教育计划"（Scheme of Inclusive Education for Disabled at Secondary Stage）合作，在建筑上重视无障碍设计，对教师或培训者开展有针对性的专门培训，在课程设置和教学方法上考虑学员的特殊需求。③

---

① Ministry of Labour & Employment, Government of India. Guidelines for enlisting quality contractual vocational trainers in schools [EB/OL]. [2018 - 02 - 21]. http://mhrd. gov. in/sites/upload_files/mhrd/files/upload_document/VE_guidelines. pdf.

② Ministry of Human Resource Development, Government of India. National Policy on Education, 1986 [EB/OL]. [2018 - 02 - 25]. http://mhrd. gov. in/sites/upload_files/mhrd/files/document-reports/NPE86-mod92. pdf.

③ Ministry of Labour & Employment, Government of India. Revision of the scheme of "Vocationalisation of Higher Secondary Education" [EB/OL]. [2018 - 02 - 12]. http://mhrd. gov. in/sites/upload_files/mhrd/files/upload_document/REVISED-SCHEME-VHSE1. pdf.

六、资助教学材料、教学设备、职业指导与咨询

在教学材料上，新计划将提供大量的教师手册、操作指南、多媒体材料等。职业教育中央研究院负责开发示范性的教学材料，各邦在此基础上将其翻译成本地区所用的语言，并可以根据具体情况加以修订、采用。新计划指出数字化学习是一种重要的人力资本发展形式，对于发展以学习者为中心的教学法尤其重要。[①] 为了促进数字化学习，职业教育中央研究院和其他具备相应资格的机构将为各种模块化的课程提供电子学习材料。同时新计划将资助各邦改善其基础设施，为数字化学习提供必要的多媒体设施。

在教学设备上，新计划规定每门课程所需的工具和设备都应在其课程计划中详细列出，作为今后采买的依据。购买教学设备、原材料、消耗品以及维护设备的费用都由新计划提供。同时，新计划还倡导增强与雇主、相关机构和领域专家的联系，请他们为课程所需设备提出建议，甚至直接让他们提供教学设备。

新计划认为职业指导和咨询对于保证职业教育课程招收到合格的学生、帮助学生根据自己的能力和兴趣选择合适的课程都具有重大意义。因此，新计划将资助校长邀请产业人员担任顾问，为学生提供关于市场动向、职业选择、就业机会、职业教育中纵横流动的可能性、自我就业等的信息，加强就业指导与咨询。

第三节 印度"新中等教育职业化计划"的特点

对比 1988 年"中等教育职业化计划"实施以来印度中等职业教育的状况，新计划具有以下显著特点。

一、联邦政府对中等职业教育的支持力度大大提升

为了革除 1988 年"中等教育职业化计划"实施后经费不足的弊端，在新计划下，初中和高中职业教育能够获得充足的经费支持，即每个学校每年获得 145 万

[①] Ministry of Labour & Employment, Government of India. Revision of the scheme of "Vocationalisation of Higher Secondary Education" [EB/OL]. [2018 - 02 - 12]. http://mhrd. gov. in/sites/upload_files/mhrd/files/upload_document/REVISED-SCHEME-VHSE1. pdf.

卢比用于发展职业教育师资；政府为进行评估、认证和培训的产业和行业技能委员会提供经费；为购买教材、电子学习材料等提供经费；将新计划总预算的 1% 用于发展职业教育创新项目；每个层级每个职业角色能够获得 20 万卢比用于发展课程和学习材料；为私立学校提供基于表现的激励。而且，新计划是一项中央支持计划，它一改 1988 年"中等教育职业化计划"下各邦政府承担过多经费的状况，而由联邦政府承担大多数经费，联邦政府与各邦的投入比例为 75：25。① 联邦政府主要负责经费投入、政策制定和主要标准的出台；各邦和直辖市通过其教育部门和学校董事会在学校内执行或结合当地实际情况加以调整。

二、能力本位进一步凸显，职业教育体系灵活性增强

新计划下职业教育的课程以专业能力培养为核心，同时注意语言沟通能力、创造力、解决问题能力、合作能力、个性发展等通用技能的培养，旨在使学生通过职业课程的学习为未来进入劳动市场或继续接受职业教育或普通教育做必要的准备。此计划依托国家职业教育资格框架，通过能力本位的模块化课程、资格认证、学分累积和互换，创造了多进口、多出口的职业教育体系，接受中等职业教育的学生可以自由决定何时进入职业世界或者重回学校，也可以在职业教育与普通教育之间更加自由地转换，还能有更多的机会进入高等教育的学位课程或文凭课程深造。新计划提高了印度职业教育内部各层级之间的纵向贯通性、职业教育与普通教育之间的横向融通性，从而使整个职业教育体系更趋灵活。

三、公私合作加强，共同促进职业教育的发展

作为一项中央支持计划，政府无疑在新计划的推进中发挥了主导作用。但同时，为了改善印度职业教育长期以来与社会、产业需求脱节的困境，此计划注重发挥产业和社会的作用，使其积极参与到职业教育发展之中。在新计划下，课程的设计、开发、实施、评估和认证都得到产业和雇主的咨询和建议。产业和雇主也将为职业教育提供专业的师资和合格的评估者。学校校长可以在"产业协调人"的帮助下与产业和雇主合作，共同提供职业培训、开展校园招聘会等。例

---

① Ministry of Labour & Employment, Government of India. Revision of the scheme of "Vocationalisation of Higher Secondary Education" [EB/OL]. [2018 - 02 - 12]. http://mhrd.gov.in/sites/upload_files/mhrd/files/upload_document/REVISED-SCHEME-VHSE1.pdf.

如，计划规定每门职业教育课程必须包括实践，学校（培训机构）与企业（用人机构）签署备忘录，实践训练由各企业提供。中央和地方政府给予提供实践训练的企业税收减免等多种形式的优惠，以鼓励企业参与到职业教育之中。[①] 2017 年 3 月，劳动和就业部发布新框架，规定对于处于缺乏实地训练条件的农村地区的学校，新计划每年资助其 30 万卢比，用来雇用各行各业熟练、半熟练技能人员到学校担任客座教授。这一框架既有利于提高农村地区职业教育的师资质量，又有利于增强职业教育与产业界的联系，使职业教育的人才培养更加符合社会需要。

新计划在人力资源需求评估、课程设置、资格认证体系、师资建设、女性和特殊群体的职业教育、政府支持等方面做出了一系列革新，体现了印度政府尤其是中央政府对中等职业教育的支持力度越来越大；印度职业教育的人才培养更加重视能力本位，印度职业教育体系以国家职业教育资格框架为依托而变得更加灵活；政府与产业、社会的合作更加紧密，共同促进职业教育的发展。目前，新计划尚处于初始阶段，但可以预见，该计划将使印度职业教育体系更富活力，更加符合社会经济发展和国家建设的需求，增强印度在国际劳动力市场中的竞争力。

在我国，中等职业教育在构建现代职业教育体系中发挥着基础性作用，对我国青少年成长和人才培养具有重要意义。2017 年 3 月，教育部等四部门发布了《高中阶段教育普及攻坚计划（2017—2020 年）》，指出目前我国高中教育发展的一个重点任务就是统筹协调普通高中教育与中等职业教育，提高中等职业教育招生比例，要把中等职业教育摆在重要位置。[②] 虽然中印两国中等职业教育的情况不尽相同，但是两国都面临着规模不足、优质师资缺乏、与社会联系不紧密、纵横流动性弱等问题，印度的新计划可以为我国中等职业教育的发展提供一定的启示。例如在投入机制上，有必要平衡国家财政经费投入中普通高中教育与中等职业教育的比例；同时通过加大中央政府对中等职业教育的投入占比，改善

---

① Ministry of Labour & Employment, Government of India. Revision of the scheme of "Vocationalisation of Higher Secondary Education" [EB/OL]. [2018 - 02 - 12]. http://mhrd.gov.in/sites/upload_files/mhrd/files/upload_document/REVISED-SCHEME-VHSE1.pdf.

② 教育部等四部门关于印发《高中阶段教育普及攻坚计划（2017—2020 年）》的通知[EB/OL]. [2018 - 06 - 03]. http://www.moe.gov.cn/srcsite/A06/s7053/201704/t20170406_301981.html.

以地方政府投入为主造成的区域间的经费鸿沟。又如我国中等职业教育可以通过构建学分累计和转换体系、完善资格认证来加强中等职业教育与其他阶段的职业教育之间的联系，并逐步在中等职业教育与普通高中教育之间架设起沟通的桥梁，提高整个职业教育体系的灵活性。

参考文献

英文参考文献

［1］ "Skills Ghana Competition" 6th - 9th November Theme: Skills for Jobs and National Development ［EB/OL］. ［2018 - 11 - 06］. http://moe. gov. gh/index. php/event/skills-ghana-competition-6th-9th-november-theme-skills-for-jobs-and-national-development/.

［2］ 2017/8 GEM Report-Accountability in education: Meeting our commitments ［R］. Paris: UNESCO, 2017.

［3］ African Union Strives to Close the Skills Gap across the Continent ［EB/OL］. ［2017 - 10 - 16］. https://au. int/sites/default/files/pressreleases/33166-pr-press _ release _-_ african_union_strives_to_close_the_skills_gap_across_the_continent. pdf.

［4］ Agenda. GE. President Zurabishvili: we will not stop, we will continue knocking on Europe's door ［EB/OL］. （2019 - 02 - 19）［2020 - 04 - 24］ https://agenda. ge/en/news/2019/471.

［5］ Agrawal, T. Vocational education and training in India: challenges, status and labour market outcomes ［J］. Journal of Vocational Education & Training, 2012, 64（4）: 453 - 474.

［6］ Allais, S. , & Wedekind, V. Targets, TVET and transformation ［M/OL］//Wulff, A. Grading Goal Four: Tensions, threats, and opportunities in the sustainable development goal on quality education. London: Sense, 2020. 322 - 338.

［7］ Association for the Development of Education in Africa. Concept Note on the Sub-Theme 2: Lifelong Technical and Vocational Skills Development for Sustainable Socio-economic Growth in Africa ［EB/OL］. ［2012 - 02］. http://www. adeanet. org/triennale-2012/sites/default/files/2018-07/cn_sub_theme_2. pdf.

［8］ Association for the Development of Education in Africa. Skilling Africa: The Paradigm Shift to Technical and Vocational Skills Development ［EB/OL］. ［2014 - 08 - 27］. http://www. adeanet. org/en/blogs/skilling-africa-the-paradigm-shift-to-technical-and-vocational-skills-development.

［9］ AU. African Union First Five Year Priority Programme on Employment, Poverty Erad-
ication and Inclusive Development ［EB/OL］. ［2017 - 04］. https://au. int/sites/
default/files/pages/33794-file-au-ilo_5ypp_-english. pdf.

［10］ AU. Continental Education Strategy for Africa 2016 - 2025 ［EB/OL］. ［2015 - 09 -
14］. https://au. int/sites/default/files/documents/29958-doc-cesa_-_english-v9. pdf.

［11］ AUC/OECD. Africa's Development Dynamics 2018: Growth, Jobs and Inequalities
［EB/OL］. ［2018 - 07 - 11］. https://doi. org/10. 1787/9789264302501-en.

［12］ Australian Industry Group. Developing the Workforce for a Digital Future ［R］. Australia:
National Centre for Vocational Education Research, 2018:57 - 60.

［13］ Autorengruppe Bildungsberichterstattung. Bildung in Deutschland 2018: Ein indikat-
orengestützter Bericht mit einer Analyse zu Wirkungen und Erträgen von Bildung
［R］. Berlin: Deutschen Instituts für Internationale, 2018.

［14］ Badrick T. Industry Skills Forecast-2020 Update ［R］. Australia: Industry Reference
Committee, 2020:6 - 14.

［15］ Beddie F. Reviewing skills and knowledge: will the digital age mean a break with the
past? ［R］. Australia: National Centre for Vocational Education Research, 2020:4 - 6.

［16］ Benidze, V. An Overview of Georgia's Economic Growth Since 2012: Current Status,
Challenges, and Opportunities for Future Development ［J］. International Journal of
Business, Human and Social Sciences, 2019,13(4):445 - 450.

［17］ Boosting skills for better growth in Lao PDR ［EB/OL］. ［2023 - 09 - 27］. https://
www. worldbank. org/en/news/press-release/2022/03/03/boosting-skills-for-better-
growth-in-lao-pdr.

［18］ Buch T, Hamann S, Niebuhr A, et al. Arbeitsmarkteffekte der Corona-Krise Sind
Berufsgruppen mit niedrigen Einkommen besonder Bundesministerium für Bildung und
Forschung(BMBF). Berufsbildungsbericht 2021. ［R］ Bonn: Bundesministerium für
Bildung und Forschung, 2021s betroffen? ［J］. Wirtschaftsdienst, 2021, 101 (1):
14 - 17.

［19］ Bundesagentur für Arbeit. Darstellung und Anzeige der Anbieterbewertung in den Ser-
viceangeboten des Kundenportals der BA ［EB/OL］. (2019 - 03 - 18) ［2021 - 06 -
20］. https://www. arbeitsagentur. de/datei/dok_ba014292. pdf.

［20］ Bundesagentur für Arbeit. Dein Weg zu Ausbildung und Studium mit Check-U ［EB/
OL］. (2021 - 07 - 01) ［2021 - 07 - 01］ https://www. arbeitsagentur. de/bildung/
welche-ausbildung-welches-studium-passt.

［21］ Bundesagentur für Arbeit. Fachkräfteengpassanalyse ［EB/OL］. (2019 - 06 - 1) ［2021 -
06 - 23］. https://statistik. arbeitsagentur. de/Statistikdaten/Detail/201906/arbeitsma-
rktberichte/fk-engpassanalyse/fk-engpassanalyse-d-0-201906-pdf. pdf?__blob＝publica-
tionFile.

［22］ Bundesagentur für Arbeit. Lebensbegleitende Berufsberatung-Fachliche Umsetzung der
Berufsberatung im Erwerbsleben ［EB/OL］. (2019 - 12 - 20) ［2021 - 07 - 01］ https://

www. arbeitsagentur. de/datei/ba146210. pdf.

[23] Bundesinstitut für Berufsbildung (BIBB). Ergebnis der Erhebung neu abgeschlossener Ausbildungsverträge zum 30. 9. 2021 im Vergleich zu den Vorjahren. [EB/OL] (2021. 12. 19) [2022. 4. 10] https://www. bibb. de/dokumente/pdf/naa309/naa309_2021_0bund. pdf.

[24] Bundesinstitut für Berufsbildung. Datenreport zum Berufsbildungsbericht 2017: Informationen und Analysen zur Entwicklung der beruflichen Bildung [R]. Bonn: Bundesinstitut für Berufsbildung, 2017. Baumert, J. Strukturplan für das Bildungswesen [Z]. Stuttgart: Deutscher Bildungsrat, 1970:197.

[25] Bundesinstitut für Berufsbildung. Datenreport zum Berufsbildungsbericht 2020 [EB/OL]. (2020 – 05 – 06) [2021 – 06 – 20] https://www. bibb. de/dokumente/pdf/bibb_datenreport_2020. pdf.

[26] Bundesinstitut für Berufsbildung. Datenreport zum Berufsbildungsbericht 2019 [R]. Bonn: Bundesinstitut für Berufsbildung, 2019.

[27] Bundesinstitut für Berufsbildung. Die überbetriebliche Ausbildung modernisieren—das Sonderprogramm zur Digitalisierung in überbetrieblichen Berufsbildungsstätten. [EB/OL]. (2022 – 3 – 23) [2022. 3. 23] https://www. bibb. de/de/36913. php♯.

[28] Bundesministerium für Arbeit und Soziales et al. Nationale Weiterbildungsstrategie [Z]. Berlin: Bundesministerium für Arbeit und Soziales, 2019.

[29] Bundesministerium für Arbeit und Soziales. Wir müssen hier dringend etwas tun [EB/OL]. (2018 – 03 – 08) [2021 – 06 – 25] https://www. bmas. de/DE/Service/Presse/Interviews/2019/2019-06-12-handelsblatt. html.

[30] Bundesministerium für Arbeit und Soziales. Arbeit-von-morgen-Gesetz [EB/OL]. (2020 – 05 – 20) [2021 – 06 – 20] https://www. bmas. de/DE/Service/Gesetze-und-Gesetzesvorhaben/arbeit-von-morgen-gesetz. html.

[31] Bundesministerium für Arbeit und Soziales. Fachkräftemonitoring Aktualisierte Projektion zur Entwicklung des Arbeitsmarktes [EB/OL]. (2021 – 01 – 25) https://www. bmas. de/DE/Arbeit/Fachkraeftesicherung-und-Integration/Fachkraeftemonitoring/fachkraeftemonitoring-art. html.

[32] Bundesministerium für Arbeit und Soziales. Forschungsprojekt Kompetenz-Kompass gestartet [EB/OL]. (2019 – 04 – 30) [2021 – 06 – 22] https://www. bmas. de/DE/Service/Presse/Pressemitteilungen/2019/forschungsprojekt-kompetenz-kompass-gestartet. html.

[33] Bundesministerium für Arbeit und Soziales. Qualifizierungschancengesetz [EB/OL]. (2018 – 12 – 18) [2021 – 07 – 01] https://www. bmas. de/DE/Service/Gesetze-und-Gesetzesvorhaben/qualifizierungschancengesetz. html.

[34] Bundesministerium für Bildung und Forschung (BMBF). Berufsbildungsbericht 2020. [R]. Bonn: Bundesministerium für Bildung und Forschung, 2020.

[35] Bundesministerium für Bildung und Forschung (BMBF). Berufsbildungsbericht 2021. [R]. Bonn: Bundesministerium für Bildung und Forschung, 2021.

[36] Bundesministerium für Bildung und Forschung. Berufliche Bildung attraktiver machen. [EB/

OL］（2014 - 04）［2022 - 3 - 15］https://www. bmbf. de/bmbf/shareddocs/pressem-itteilungen/de/berufliche-bildung-attraktiver-machen. html.

［37］ Bundesministerium für Bildung und Forschung （BMBF）. Berufsbildungsbericht 2020. ［R］. Bonn: Bundesministerium für Bildung und Forschung, 2020.

［38］ Bundesministerium für Bildung und Forschung. JOBSTARTER plus-das Programm zur Stärkung der beruflichen Bildung-BMBF. ［EB/OL］［2022 - 02 - 2］https://www. bmbf. de/bmbf/de/bildung/berufliche-bildung/foerderinitiativen-und-program-ur-staerk-ung-der-berufsbildung/jobstarter-plus-das-programm-z-erkung-der-beruflichen-bildung/ jobstarter-plus-das-programm-z-erkung-der-beruflichen-bildung. html.

［39］ Bundesministerium für Bildung und Forschung. Weiterbildungsverhalten in Deutschland 2018 Ergebnisse des Adult Education Survey-AES-Trendbericht ［R］. Bonn: Bundesministerium für Bildung und Forschung, 2019.

［40］ Bundesministerium für Wirtschaft und Energie. Herbstprojektion 2020. Nach schneller Erholung setzt sich der Aufholprozess ［EB/OL］. ［2020 - 10 - 3］https://www. bmwi. de/Redaktion/DE/Publikationen/Schlaglichter-der-Wirtschaftspolitik/schlaglich-ter-der-wirtschaftspolitik-11-2020. pdf?__blob＝publicationFile&v＝36.

［41］ Bundesministeriums für Bildung und Forschung. Nationale Weiterbildungsstrategie bes-chlossen-gemeinsam für eine neue Weiterbildungskultur ［EB/OL］. （2019 - 12 - 06）. https://www. bmbf. de/de/nationale-weiterbildungsstrategie-beschlossen-geme-insam-fuer-eine-neue-8860. html.

［42］ Bund-Länder-Kommission für Bildungsplanung und Forschungsförderung （BLK）. Bildung für eine nachhaltige Entwicklung. ［M］ Bonn. Bund-Länder-Kommission für Bildungsplanung und Forschungsförderung （BLK） Geschäftsstelle. 1998,10.

［43］ Byker, E. ICT in India's Elementary Schools: The Vision and Realities ［J］. International Education Journal: Comparative Perspectives, 2014,13(2):27 - 40.

［44］ Call for Expression of Interest （EOI） Continental TVET Expert-Advisory Group. ［EB/ OL］. （2017 - 05 - 29）［2017 - 6 - 30］. https://au. int/sites/default/files/announcem-ents/32488-annc-call_for_expression_of_interest. _eng. pdf.

［45］ Candlefox education marketplace. Workforce Training ［EB/OL］. （2021 - 02 - 16） ［2021 - 02 - 16］. https://www. training. com. au.

［46］ Caribbean Community Secretariat. Regional Strategy for Technical and Vocational Educ-ation and Training ［EB/OL］. （2012 - 2 - 21）［2018 - 4 - 22］. https://www. ilo. org/ public//english/region/ampro/cinterfor/temas/complab/doc/tvet/index. htm.

［47］ Caribbean Community Secretariat. Regional Strategy for Technical and Vocational Educ-ation and Training ［EB/OL］. （2012 - 2 - 21）［2018 - 4 - 22］. https://www. ilo. org/ public//english/region/ampro/cinterfor/temas/complab/doc/tvet/index. htm.

［48］ CARICOM. Education for employment program: CARICOM Regional TVET strategy for workforce development and economic competitiveness. （2014 - 9 - 23）［2018 - 4 - 20］ ［EB/OL］. https://www. collegesinstitutes. ca/news-centre/news-release/colleges-and-institutes-canada-supports-caricom-regional-tvet-strategy-strengthening-skills-for-employment-and-competitiveness/.

[49] Chandra, M. The implications of contract teaching in India: A review [J]. Policy Futures in Education, 2015,13(2):247 – 259.

[50] Chankseliani, M. & Silova, I. Reconfiguring Education Purposes, Policies and Practices during Post-socialist Transformations: setting the stage (pp. 7 – 25). In Chankseliani, M. & Silova, I. (ed.). Comparing Post-Socialist Transformations: Purposes, Policies, and Practices in Education [M] Oxford: Symposium Books, 2018.

[51] Clarke, L., Sahin-Dikmen, M., & Winch, C. Overcoming diverse approaches to vocational education and training to combat climate change: The case of low energy construction in Europe [J]. Oxford Review of Education, 2020,46(5):619 – 636.

[52] Colleges and Institutes Canada. CARICOM education for employment factsheet [EB/OL]. (2018 – 3 – 31)[2018 – 5 – 19] https://www. collegesinstitutes. ca/resources/? fwp_search_by_keyword＝caricom.

[53] Delegation of the European Union to Georgia. The European Union and Georgia Portrait of a Partnership [R]. Tbilisi: Delegation of the European Union to Georgia, 1999.

[54] Deloitte Access Economics. Digital Pulse 2019: booming today, but how can we sustain digital workforce growth? [R]. Australia: Australian Computer Society, 2019:14 – 17.

[55] Dengler, K., & Matthes, B. Substituierbarkeitspotenziale von Berufen: Wenige Berufsbilder halten mit der Digitalisierung Schritt [R]. Nürnberg: IAB-Kurzbericht, 2018:11.

[56] Dennis, L. Mehr als jeder zweite Erwachsene bildet sich weiter [EB/OL]. (2020 – 04 – 19)[2021 – 06 – 29]. https://www. forschung-und-wissen. de/nachrichten/oekonomie/mehr-als-jeder-zweite-erwachsene-bildet-sich-weiter-13373811.

[57] Department of Education, Skill and employment. Training Packages [EB/OL]. (2020 – 11 – 12)[2021 – 01 – 20]. https://www. dese. gov. au/training-packages.

[58] Department of Human Resource Science and Technology Division of Human Resource and Youth, AU. Strategy to Revitalize Technical and Vocational Education and Training (TVET) in Africa Final Draft [EB/OL]. [2007 – 05]. http://lekiworld. com/AU/docs/15. pdf.

[59] Department of Human Resources, Science and Technology, AU. Continental Strategy for Technical and Vocational Education and Training (TVET) to Foster Youth Employment [EB/OL]. [2018 – 10 – 22]. https://au. int/sites/default/files/documents/35054-doc-tvet-english_-_final_2. pdf.

[60] Deutscher Bundestag. Enquete-Kommission Berufliche Bildung in der digitalin Arbeitswelt. Wortprotokoll der 16. Sitzung [EB/OL]. (2020 – 01 – 13)[2021 – 06 – 21] https://www. bundestag. de/resource/blob/697072/449ed7bcfa2fa47700b53e955ba29e35/Wort protokoll-data. pdf.

[61] Deutscher Gewerkschaftsbund. Bildungsurlaub: Wie beantragen? Wer hat Anspruch? Wer zahlt? [EB/OL]. (2020 – 12 – 03)[2021 – 06 – 21] https://www. dgb. de/themen/＋＋co＋＋fe6281e0-b9eb-11e5-a576-52540023ef1a.

［62］ Deutscher Industrie- und Handelskammertag. CHANCEN NUTZEN! Mit Teilquali-fikationen Richtung Berufsabschluss ［EB/OL］. （2021 - 07 - 01）［2021 - 07 - 01］. https://teilqualifikation. dihk. de/de.

［63］ Die Bundesregierung. Rechtsanspruch für unter Dreijährige. ［EB/OL］［2022 - 3 - 10］ https://www. bundes-regierung. de/bregd.

［64］ Digital Literacy School Grants ［EB/OL］. （2015 - 06 - 19）［2021 - 02 - 08］. https://www. education. gov. au/taxonomy/term/2091.

［65］ Digital springboard ［EB/OL］. （2020 - 12 - 12）［2021 - 02 - 08］. https://www. digitalspringboard. org. au/digital-springboard-reaches-10000-people-across-australia.

［66］ Educational Statistics-At a Glance 2016 ［R］. New Delhi: Ministry of Labour &. Empl-oyment, Government of India, 2018.

［67］ EU in Georgia. EU Technical Assistance Project in 2020 ［EB/OL］. ［2021 - 03 - 01］. https://eu4georgia. eu/projects/eu-project-page/?id＝332.

［68］ European Centre for the Development of Vocational Training. *Finland: Increase in IVET Early Leaving* ［EB/OL］. （2018 - 07 - 02）［2020 - 02 - 10］. https://www. cedefop. europa. eu/en/news-and-press/news/finland-increase-ivet-early-leaving.

［69］ European Centre for the Development of Vocational Training. *Finland: New Approach to VET Provider Financing Uses Student Feedback* ［EB/OL］. （2018 - 09 - 07）［2020 - 02 - 10］. https://www. cedefop. europa. eu/en/news-and-press/news/finland-new-approach-vet-provider-financing-uses-student-feedback.

［70］ European Centre for the Development of Vocational Training. *Spotlight on VET Finland* ［R］. Luxembourg: Publications Office of the European Union, 2019.

［71］ European Centre for the Development of Vocational Training. *The future of vocational education and training in Europe: Synthesis report* ［R］. Luxembourg: Publication Office of the European Union, 2023.

［72］ European Centre for the Development of Vocational Training. *Vocational Education and Training in Finland: Short Description* ［R］. Luxembourg: Publications Office of the European Union, 2019.

［73］ European Centre for the Development of Vocational Training. *Vocational Education and Training in Europe: Finland* ［R］. Luxembourg: Publications Office of the European Union, 2019.

［74］ European Forum of Technical and Vocational Education and Training. *Addressing the current and future skill needs for sustainability, digitalization, and the bio-economy in agriculture: European skills agenda and strategy sector skills alliance* ［EB/OL］. ［2023 - 07 - 02］. https://efvet. org/fields/.

［75］ European Training Foundation. The EU launches € 50 million programme in Georgia ［EB/OL］. （2019 - 10 - 29）［2020 - 04 - 24］. https://www. etf. europa. eu/news-and-events/news/eu-launches-eu50-million-programme-georgia.

［76］ Eurostat. Glossar: Internationale Standardklassifikation für das Bildungswesen (ISCED). ［EB/OL］［2022 - 1 - 15］ https://ec. europa. eu/eurostat/statisticsexplained/index. php?

title＝Glossary: International_standard_classification_of_education(ISCED)/de.

［77］ Exhibition on TVET and Space Science ＆ Technology in Africa［EB/OL］.［2015 - 10 - 28］. https://au. int/sites/default/files/newsevents/pressreleases/27680-pr-pr-_ exhibition. pdf.

［78］ Finnish National Agency for Education. Cedefop Opinion Survey on Vocational Education and Training in Europe: Finland［EB/OL］.（2018 - 11 - 21）［2020 - 04 - 08］. http://libserver. cedefop. europa. eu/vetelib/2018/opinion _ survey _ VET _ Finland _ Cedefop_ReferNet. pdf.

［79］ Foundation Skills for Your Future Program: Digital Literacy Skills Framework［R］. Australia: Department of Education, Skill and employment, 2020:15 - 16.

［80］ Gekara V, Snell D, Molla A, et al. A scan of approaches taken by Australia to build the digital skills of the existing workforce in response to digital transformation of industry［R］. Australia: The Skills Training and Industry Research Network, 2020:56 - 102.

［81］ Gekara V, Snell D, Molla A, et al. Skilling the Australian Workforce for the Digital Economy. Research Report［R］. Australia: National Centre for Vocational Education Research, 2019:21 - 25.

［82］ German Cooperation. GIZ south Caucasus together in Europe［R］. Tbilisi, Georgia: GIZ Office South Caucasus, 2016.

［83］ Griffin T. Workforce-ready: challenges and opportunities for VET［R］. Australia: National Centre for Vocational Education Research, 2020.

［84］ Hajkowicz S, Reeson A, Rudd L, et al. Tomorrow's digitally enabled workforce: megatrends and scenarios for jobs and employment in Australia over the coming twenty years［R］. Brisbane: Commonwealth Scientific and Industrial Research Organization, 2016:32.

［85］ Iakobidze, M. ივანე ჯავახიშვილის სახელობის თბილისის სახელმწიფო უნივერსიტეტი［EB/OL］.［2020 - 01 - 07］https://openscience. ge/bitstream/1/1409/1/MA％20Thesis. Iakobidze％20％20evroint. pdf.

［86］ Innovation and Business Skills Australia. Digital skills cross sector project: case for change［R］. Australia: Department of Education and Training, 2017:3 - 7.

［87］ Innovation and Science Australia. Australia 2030: prosperity through innovation［R］. 2017.

［88］ International Labor Office. Global Employment Trends 2012: Preventing a deeper jobs crisis［R］. Geneva: International Labor Office, 2013.

［89］ International Labor Office. Global Employment Trends 2013: Recovering from a second jobs dip［R］. Geneva: International Labor Office, 2014.

［90］ Iordache C, Mariën I, Baelden D. Developing digital skills and competences: A quick-scan analysis of 13 digital literacy models［J］. Italian Journal of Sociology of Education, 2017,9(1):6 - 30.

［91］ Joyce S. Strengthening skills: expert review of Australia's vocational education and training system［R］. Australia: Department of the Prime Minister and Cabinet, 2019:103.

［92］ Jules, T. D. Educational Exceptionalism in Small (and Micro) States: Cooperative Educational Transfer and TVET ［J］. Research in Comparative & International Education, 2015,10(2):202 – 222.

［93］ Kilpi-Jakonen, E., Buchholz, S., Dämmrich, J., et al. Adult Learning in Modern Societies ［M］. Cheltenham: Edward Elgar Publishing, 2014:13.

［94］ Kingdom of Swaziland. His Majesty's Government Programme of Action 2013 – 2018, Ministries' Action Plan to 2018 and 2022 ［EB/OL］. http://www. gov. sz/images/ministries％20action％20plans％20pdf. pdf.

［95］ Kittiashvili, A. & Sumbadze, N. Overcoming vocational stereotypes: A step towards raising the attractiveness of vocational education and training in Georgia ［J］. Education Sciences and Psychology, 2018,49(3):51 – 62.

［96］ Loveder P. Australian Apprenticeships: Trends, Challenges and Future Opportunities for Dealing with Industry 4.0. Conference Paper ［R］. Australia: National Centre for Vocational Education Research, 2017:43 – 44.

［97］ Maclean, R. & Lai, A. The future of technical and vocational education and training: Global challenges and possibilities ［J］. *International Journal of Training Research*, 2011,9(1 – 2):2 – 15.

［98］ Mehrotra, S. Quantity & Quality: Policies to Meet the Twin Challenges of Employability in Indian Labor Market ［J］. Indian Journal of Industrial Relations, 2014, 49 (3):367 – 377.

［99］ Menon, K. New Labor Law in India: In Favor or Against Those it is Meant to Benefit? ［EB/OL］. ［2023 – 07 – 11］. https://www. americanbar. org/groups/labor_law/publications/ilelc_newsletters/issue-spring-2023/india/.

［100］ Message from the African Union Commission on International Teachers Day ［EB/OL］. ［2016 – 10 – 07］. https://au. int/sites/default/files/pressreleases/31457-pr-statement_on_world_teachers_day_2. pdf.

［101］ Ministry of Economic Affairs and Employment, Finland. *Decrease in Unemployed Jobseekers in November* ［EB/OL］. (2019 – 12 – 20)［2020 – 02 – 20］. https://valtioneuvosto. fi/en/article/-/asset _ publisher/1410877/tyottomien-tyonhakijoiden-maara-vaheni-marraskuus-2.

［102］ Ministry of Education and Culture. *Financing of vocational education and training* ［R］. Helsinki: Ministry of Education and Culture, 2019.

［103］ Ministry of education, science, culture and sport of Georgia. Vocational education and training development strategy for 2013 – 2020. ［EB/OL］. ［2019 – 12 – 22］. https://www. mes. gov. ge/uploads/12.％20VET％20Strategy％202013-20_EN. pdf.

［104］ Ministry of Finance, Finland. *General Government Fiscal Plan for 2020 – 2023* ［R］. Helsinki: Ministry of Finance, 2019.

［105］ Ministry of Human Resource Development, Government of India. National Policy on Education, 1986 ［EB/OL］. ［2018 – 02 – 25］. http://mhrd. gov. in/sites/upload_files/mhrd/files/document-reports/NPE86-mod92. pdf.

[106] Ministry of Human Resource Development, Government of India. National Vocational Education Qualifications Framework (NVEQF) (Executive order) [EB/OL]. [2018 - 02 - 26]. http://mhrd. gov. in/sites/upload_files/mhrd/files/executive-order. pdf.

[107] Ministry of Justice, Finland. Opetus-ja kulttuuriministeriön asetusammatillisen koulutuksen rahoituksen laskentaperusteista 682/2017 [EB/OL]. (2017 - 10 - 06)[2020 - 03 - 10]. https://www. finlex. fi/fi/laki/alkup/2017/20170682♯Lidp446074768.

[108] Ministry of Labour & Employment, Government of India. Guidelines for enlisting quality contractual vocational trainers in schools [EB/OL]. [2018 - 02 - 21]. http://mhrd. gov. in/sites/upload_files/mhrd/files/upload_document/VE_guidelines. pdf.

[109] Ministry of Labour & Employment, Government of India. Revision of the scheme of "Vocationalisation of Higher Secondary Education" [EB/OL]. [2018 - 02 - 12]. http://mhrd. gov. in/sites/upload _ files/mhrd/files/upload _ document/REVISED-SCHEME-VHSE1. pdf.

[110] Ministry of Labour & Employment, Government of India. The scheme of Vocationalisation of Secondary and Higher Secondary Education-List of job roles [EB/OL]. [2018 - 02 - 21]. http://mhrd. gov. in/sites/upload_files/mhrd/files/upload_document/job_roles. pdf.

[111] Morrissey, M., Myers, D., Belanger, P., Robitaille, M., Davison, P., van Kleef, J., & Williams, R. Achieving Our Potential: An action plan for prior learning assessment and recognition in Canada [R]. Halifax: PLA Center, 2018.

[112] Mosashvili, I., Nadiradze, T., & Beruashvili, M. Establishment of quality assurance mechanisms of vocational education specifics in organic farming and its European approaches to Georgia's example [C]. Proceedings of the International scientific and practical conference, Bulgaria, 2018:249 - 254.

[113] Moses O. Oketch. To vocationalise or not to vocationalise? Perspectives on current trends and issues in technical and vocational education and training (TVET) in Africa [J]. International Journal of Educational Development. 2007, (27):220 - 234.

[114] National Statistics Office of Georgia. Employment and unemployment [EB/OL]. [2021 - 03 - 11]. https://www. geostat. ge/en/modules/categories/683/Employment-Unemployment.

[115] Noonan P, Blagaich A, Kift S, et al. Review of the Australian Qualifications Framework: Final Report 2019 [R]. Australia: National Centre for Vocational Education Research, 2019.

[116] OECD Centre for Skills. *Building vulnerable people's skills for a digital, green, & inclusive world* [EB/OL]. [2023 - 03 - 08]. https://oecdedutoday. com/building-future-skills/.

[117] OECD Centre for Skills. *ECD Skills Strategy 2019: Skills to shape a better future* [R]. Paris: OECD, 2019.3 - 8.

[118] OECD. *Assessing and anticipating skills for the green transition: Unlocking talent for a sustainable future* [R]. Geneva: OECD, 2023.

[119] OECD. Automation, skills use and training [EB/OL]. (2018 - 03 - 08)[2021 - 07 - 01] https://www. oecd-ilibrary. org/docserver/2e2f4eea-en. pdf? expires = 1625364411&id=id&accname=guest&checksum=8F0FEB922E7653D9F264C5D3709 C1B9D.

[120] OECD. Continuing education and training in Germany [R]. Paris: OECD Publishing, 2021.

[121] OECD. Getting Skills Right: Career Guidance for Adults in a Changing World of Work [R]. Paris: OECD Publishing, 2021.

[122] OECD. Survey of Adult Skills [EB/OL]. (2019 - 04 - 28)[2021 - 02 - 08] https:// gpseducation. oecd. org/CountryProfile? primaryCountry = AUS&treshold = 10&topic=AS.

[123] Ogunji, J. A. Examination Management And Examination Malpractice: The Nexus [J]. *Journal of International Education Research*, 2011, 7(4):53 - 64.

[124] Osiander, C. and Stephan, G. Gerade geringqualifizierte Beschäftigte sehen bei der beruflichen Weiterbildung viele Hürden [EB/OL]. (2018 - 08 - 02)[2021 - 07 - 01]. https://www. iab-forum. de/gerade geringqualifizierte-beschaeftigte-sehen-bei-der-beruflichen-weiterbildung-viele huerden/?pdf=8601.

[125] Papachashvili, N. Reflection of global transformations on the labour market (case of Georgia) [EB/OL]. [2019 - 12 - 30]. https://ir. kneu. edu. ua/bitstream/handle/ 123456789/31853/sbfv_19_6. pdf?sequence=1&isAllowed=y.

[126] Presseinformation des IAB. Auswirkungen der Covid-19-Pandemie: Jeder zehnteausbildun-gsberechtigte Betrieb könnte weniger Auszubildende einstellen. [EB/OL] (2021 - 2 - 22) [2022 - 1 - 25] iab. de/de/informationsservice/presse/ presseinformationen/ausbildungsberechtigtebetriebe. aspx).

[127] Quality Strategy Group for Vocational Education and Training. *Aiming for Excellence: Quality Strategy for Vocational Education and Training 2030* [R]. Finland: Ministry of Education and Culture Publishing, 2019.

[128] Seet P S, Jones J T, Spoehr J, et al. The Fourth Industrial Revolution: the implications of technological disruption for Australian VET [R]. Australia: National Centre for Vocational Education Research, 2018:26 - 28.

[129] Senatsverwaltung für Integration, Arbeit und Soziales. Bildungsurlaub [EB/OL]. (2021 - 06 - 20)[2021 - 07 - 01]. https://www. berlin. de/sen/arbeit/weiterbildung/ bildungsurlaub/.

[130] Singh, A.K., Rind, I.A., Sabur, Z. Continuous Professional Development of School Teachers [C/M]. In: Sarangapani, P.M., Pappu, R. (eds) Handbook of Education Systems in South Asia. Global Education Systems (pp. 1355 - 1380). Singapore: Springer, 2021.

[131] Statistisches Bundesamt. Annahmen und Ergebnisse der 14. koordinierten Bevölkerungsvorausberechnung [R]. Wiesbaden: Statistisches Bundesamt, 2019.

[132] STB Web. Prozent der Betriebe aktuell vom Lockdown betroffen. [EB/OL] (2021 - 04 -

19)［2022 - 3 - 31］https://www.stb-web.de/news/article.php/id/24853.

［133］ TAFE-Queensland. micro-credential［EB/OL］.［2021 - 02 - 16］. https://tafeqld. edu.au/courses/ways-you-can-study/micro-credentials/index.html.

［134］ The African Union Commission. Agenda 2063.［EB/OL］.［2013 - 06 - 10］. https:// archive.au.int/assets/images/agenda2063.pdf.

［135］ The African Union Commission. The African Union Commission Strategic Plan 2014 - 2017［EB/OL］.［2013 - 06］. https://au.int/sites/default/files/pages/32028-file-the_ au_commission_strategic_plan_2014-2017.pdf.

［136］ The World Bank, UNESCO, and the International Labour Organization. *Building better formal TVET systems: Principles and practice in low- and middle-income countries*［EB/OL］.［2023 - 09 - 27］. https://unesdoc.unesco.org/ark:/ 48223/pf0000386135.

［137］ The World Bank. *Technology for teaching*［EB/OL］.［2023 - 09 - 11］. https:// www.worldbank.org/en/topic/teachers/brief/technology-for-teaching.

［138］ Tsartsidze, M. Poverty and the economic development factors in Georgia［EB/OL］. ［2019 - 12 - 22］. http://eprints.tsu.ge/1053/1/Poverty％20and％20the％20economic％ 20development％20factors％20in％20Georgia.pdf.

［139］ Turing Scheme. *About the Turing Scheme*［EB/OL］.［2023 - 09 - 28］. https:// www.turing-scheme.org.uk/about/about-the-turing-scheme/.

［140］ Twelfth Five Year Plan（2012 - 2017）Social Sectors［R］. New Delhi: Planning Commission, Government of India, 2018.

［141］ Tyagi, L.K. A study on good governance in controlling corruption in education sector in India［J］. International Journal of Society Systems Science, 2019,11(3):209 - 217.

［142］ UNESCO Institute for Lifelong Learning. *Transforming higher education institutions into lifelong learning institutions*［R］. Hamburg: UNESCO Institute for Lifelong Learning, 2022.

［143］ UNESCO. *Education 2030 Incheon declaration: Towards inclusive and equitable quality education and lifelong learning for all*［R］. Paris: UNESCO, 2015.

［144］ UNESCO. *Global teacher campus*［EB/OL］.［2023 - 09 - 11］. https://globaledu- cationcoalition.unesco.org/global-teacher-campus.

［145］ UNESCO. *Transforming technical and vocational education and training: Building skills for work and life*［R］. Shanghai: The 3rd International Congress on Technical and Vocational Education and Training, 2012:22.

［146］ UNESCO. *Transforming technological and vocational education and training for successful and just transitions*［R］. Pairs: UNESCO, 2022.

［147］ UNESCO-UNEVOC International Centre for Technical and Vocational Education and Training. *Digital skills development in TVET teacher training*［R］. Bonn: UNESCO-UNEVOC, 2022.

［148］ VETASSESS. Digital badging［EB/OL］.［2021 - 02 - 16］. https://www. vetassess.com.au/home/updates/post/digital-badging-the-future-of-credentials.

[149] Vocational Education Development Department. Vocational Education Reform 2020 Report [R]. Tbilisi: Ministry of Education, Science, Culture and Sport of Georgia, 2020.

[150] Vocational Education in Georgia [EB/OL]. [2022 - 11 - 11]. https://medium.com/ @baindurashvili/vocational-education-in-georgia-f8c8b06a4317.

[151] Wibrow B, Circelli M, Korbe P. Incorporating digital skills into VET delivery [R]. Australia: National Centre for Vocational Education Research, 2020:3.

[152] Wibrow B, Circelli M, Korbe P. VET's response to Industry 4. 0 and the digital economy: what works [R]. Australia: National Centre for Vocational Education Research, 2020.

[153] Woessmann, L. The Economic Case for Education [J]. Education Economics, 2016, 24(1):3 - 32.

[154] World Bank. World Bank Databank [EB/OL]. [2020 - 03 - 01]. https://www. worldometers. info/gdp/georgia-gdp/.

[155] World Labour Organization. *World employment and social outlook: Trends 2023* [R]. Geneva: International Labour Office, 2023.12.

中文参考文献

[1] 车伟. 数字经济带来就业市场新变化[N]. 社会科学报, 2019 - 2 - 25.

[2] 代以平, 冯珊珊. 越南职业教育数字化转型的背景、举措及启示[J]. 教育与职业, 2023 (1):74 - 81.

[3] 高飞. 联合国教科文组织职业教育新型资格与能力解读: 基于全球教育治理的视角 [J]. 比较教育研究, 2023, (7):37 - 46.

[4] 国家中长期教育改革和发展规划纲要(2010 年—2020 年)[Z]. 北京: 中华人民共和国政 府, 2010.

[5] 中共中央关于教育体制改革的决定[Z]. 北京: 中华人民共和国政府, 1985.

[6] 职业技能提升行动方案(2019—2021 年)[EB/OL]. (2019 - 5 - 24)[2021 - 7 - 10] http://www. gov. cn/zhengce/content/2019-05/24/content_5394415. htm.

[7] 韩静, 张力跃. 经济强劲背后的冷思考——印度职业教育发展困境及其政府改革措施 [J]. 职业技术教育, 2016, 37(9):68 - 73.

[8] 教育部关于印发《推进共建"一带一路"教育行动》的通知[R]. 北京: 中华人民共和国教 育部, 2016.

[9] 教育部办公厅关于做好 2021 年中等职业学校招生工作的通知[EB/OL]. (2021 - 3 - 5) [2021 - 5 - 15] http://www. moe. gov. cn/srcsite/A07/moe_950/202104/t20210406_ 524618. html.

[10] 靳希斌. 人力资本理论阐释——兼论教育的人力资本价值[J]. 广西师范大学学报(哲学 社会科学版), 2003(3):71 - 74.

[11] 梁英超. 萨卡什维利成为格鲁吉亚的敌人原因探究[J]. 西伯利亚研究, 2015, 45(5): 82 - 85.

[12] 刘其晴, 周谊. 芬兰职业教育绩效本位拨款体系探析[J]. 职业技术教育, 2014, 35(25): 84 - 89.

［13］买琳燕,何嘉晖.面向未来的德国职业教育创新发展策略:基于"塑造未来:卓越职业教育与培训创新计划"的解析[J].职业教育研究,2022(5):85-89.

［14］2050年非洲人口将增至25.7亿,非洲期盼释放人口红利[EB/OL].[2017-10-09].http://www.xinhuanet.com/world/2017-10/09/c_129717072.htm.

［15］《中华人民共和国职业教育法》[EB/OL]（2022.04.21）[2022.05.10]http://politics.people.com.cn/n1/2022/0421/c1001-32404321.html.

［16］施锦诚,孔寒冰,吴婧姗,王雨洁.数据赋能工程教育转型:欧洲数字化战略报告分析[J].高等工程教育研究,2021(1):17-23.

［17］石伟平,郝天聪.产教深度融合,校企双元育:《国家职业教育改革实施方案》解读[J].中国职业技术教育,2019,(07):93-97.

［18］世界银行.2006年世界发展指标[M].方勇,译.北京:中国财政经济出版社,2007.

［19］王丽华.印度现代职业教育体系及其特征[J].职业教育研究,2015(10):87-92.

［20］王为民.印度职业教育体系建构的历程与策略[J].中国职业技术教育,2013(36):50-53.

［21］伍慧萍.德国职业教育的数字化转型:战略规划、项目布局与效果评估[J].外国教育研究,2021,48(4):76-88.

［22］中华人民共和国国民经济和社会发展第十四个五年规划和2035年远景目标纲要[EB/OL].（2021-03-13）[2021-05-15]http://www.xinhuanet.com/2021-03/13/c_1127205564.htm.

［23］中国信息通信研究院.《中国数字经济发展白皮书(2020年)》[R].北京:中国信息通信研究院,2020:3-5.

［24］中国信息通信研究院.《中国数字经济发展白皮书(2020年)》[R].北京:中国信息通信研究院,2020:3-5.

［25］教育部等四部门关于印发《高中阶段教育普及攻坚计划(2017—2020年)》的通知[EB/OL].[2018-06-03].http://www.moe.gov.cn/srcsite/A06/s7053/201704/t20170406_301981.html.

［26］UNCTAD发布最新版《世界最不发达国家报告》[EB/OL].[2018-11-26].http://www.mofcom.gov.cn/article/i/jyjl/k/201812/20181202814492.shtml.

［27］驻贝宁使馆经商处.非洲发展银行对非洲国家2018年经济发展预测[EB/OL].[2018-01-24].http://bj.mofcom.gov.cn/article/ddfg/201801/20180102703436.shtml.

后 记

　　本书是集体智慧和努力的结晶。作为比较教育专业的指导老师,我有幸在指导硕士研究生的过程中,与多位才华横溢的学生一起,共同探索和研究了国际职业技术教育的创新发展。这段历程不仅是一次学术上的挑战和提升,更是一段珍贵的教育经历。

　　我要特别感谢袁靖、莫文天、钦夏昱、陈郁郁、石明慧、张静、王蔷和 Lili Motsonelidze 几位研究生。在本书的前期阶段,她们承担了大量繁重的工作,包括文献的广泛收集、数据的细致分析以及部分文稿的初步撰写。这些工作为本书奠定了坚实的基础,没有她们的辛勤付出,这本书不可能如此顺利地完成。

　　我还要感谢浙江大学教育学院提供的支持与平台。在学院领导和同事们的帮助下,我们得以顺利开展这项跨国比较教育的研究工作。特别感谢学院为我们提供的丰富资源和学术氛围,使我们能够专心致志地进行研究和写作。

　　最后,我要感谢上海交通大学出版社的编辑团队,特别是姜艳冰和易文娟两位老师在书稿的审校、修改和排版等各个环节给予了我无尽的支持和专业的建议。编辑老师们不仅仅是忠实的读者,更是严格的把关者,他们用敏锐的眼光发现书稿中的不足,用耐心和细致的态度进行多次沟通与修改,使得本书能以最佳的面貌呈现在读者面前。

　　我诚挚地邀请广大读者对本书提出宝贵的意见和建议,以帮助我们不断改进和提升。希望本书能在职业教育研究领域引发更多的思考和讨论,促进国际间的学术交流与合作。

翟俊卿

2024 年 5 月 31 日于浙江大学教育学院